武氏太极拳全典

吴彬题

◎ 孙建国 著

辽宁科学技术出版社
·沈阳·

图书在版编目（CIP）数据

武氏太极拳全典 / 孙建国著. -- 沈阳 ： 辽宁科学技术
出版社，2012.5
ISBN 978-7-5381-7392-5

Ⅰ．①武… Ⅱ．①孙… Ⅲ．①太极拳 Ⅳ．
①G852.11

中国版本图书馆CIP数据核字（2012）第032867号

策划制作： 深圳灵智伟业（http//:www.szgreat-wisdom.com ）
总 策 划： 朱凌琳
设计制作： 闵智玺

出版发行： 辽宁科学技术出版社
（地址：沈阳市和平区十一纬路29号 邮编：110003）
印 刷 者： 深圳市天邦印刷包装有限公司
经 销 者： 各地新华书店
幅面尺寸： 210mmX230mm
印 张： 19.5
字 数： 400千字
出版时间： 2012年5月第1版
印刷时间： 2012年5月第1次印刷
责任编辑： 郭 莹 众 合
责任校对： 合 力

书 号： ISBN 978-7-5381-7392-5
定 价： 68.00元（附DVD光盘）

联系电话：024-23284376
邮购热线：024-23284502
E-mail:lnkjc@126.com
http://www.lnkj.com.cn
本书网址：www.lnkj.cn/uri.sh/7392

◎武氏太极拳创始人武禹襄

◎邯郸太极学院全体领导与作者合影留念

◎武氏太极拳二代传人李亦畬

◎香港武术联会特邀中国六大「太极名家」讲学

◎武氏太极拳三代传人李逊之

◎武氏太极拳第四代嫡系传人李锦藩先生书画展
（2011年8月2日于武禹襄祖师故居）

◎武氏太极拳四代传人李锦藩

◎作者在南昌理工学院教授太极拳

◎陈小旺、李德印、孙建国在香港武术联会讲学合影留念

◎作者与邯郸学院院长杨金廷合影留念

◎作者于香港武术联会与霍震寰、崔仲三合影

◎作者与《永年太极志》主编县政府办公室主任李剑青

◎作者与孙氏太极拳名家孙永田

◎作者与少林寺达摩院首座释德朝、武当派掌门游玄德

◎作者与和氏太极拳名家和有禄

◎作者与"武林大会"裁判、八极拳掌门吴连枝

◎作者与杨氏太极拳名家赵幼斌

◎全国武术段位制指导员及考评员培训班合影留念

◎《中华崛起》大型丛书特邀编委

◎作者获得中国武术七段段位证书

◎武氏太极拳"佳达"杯组织贡献奖
（注："武氏太极拳"后人也称"武式太极拳"）

◎作者获得的部分武术奖牌与证书

◎中华太极拳杰出传承人荣誉证书

◎作者的部分奖牌与奖杯缩影

◎作者获得中华太极拳杰出传承人奖杯与证书

◎"武林大会"裁判、八极拳名家吴连枝题词

◎中国武术协会裁判委员会委员李德印题词

◎陈氏太极拳名家陈小旺题词

◎"武林大会"主裁判、梅花拳名家韩建中题词

◎武当派掌门游玄德道长题词

◎孙氏太极拳名家孙永田题词

◎中央国家机关太极拳协会顾问宗光耀题词

◎一代少林武术宗师释素祥题词

◎杨氏太极拳名家李正题词

◎北京武术协会名誉顾问题词

武李氏家传太极拳部分内容剪影

◎武氏太极拳一路中捋架

◎武氏太极拳二路炮捶

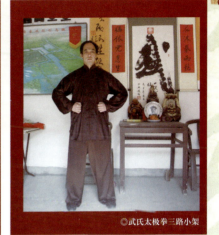

◎武氏太极拳三路小架

◎武氏太极拳推手发劲

◎武氏太极龙凤回肠刀

◎武氏太极强身剑

◎武氏太极十三杆

◎武氏太极四刀对练

◎武氏太极拳二路杆对练

武氏太极拳全典

Taiji

乌鲁木齐

新疆维吾尔自治区

塔里木河

西藏自治区

拉萨

呼和浩特

北京
天津

石家庄

银川

太原

西宁

兰州

西安

邯郸

济南

郑州

成都

重庆

武汉

合肥　南京

上海

杭州

长沙

南昌

贵阳

福州

昆明

台北

南宁

广州

香港

澳门

海口

哈尔滨

长春

沈阳

作者在全国授拳地点简略图

技术支持电话: 13832047578

技术咨询QQ: 928324170

推荐序一

　　太极拳是中华文化的瑰宝，它以《易经》、《道德经》、《黄帝内经》等经典为文化源泉，以柔和、优美的肢体运动承载着健身益智、技击防身、文化融通的功效，深受全世界人民的喜爱，传播日益广泛。

　　孙建国老师是武氏太极拳第五代传人中的佼佼者。他出生于杨、武氏太极拳诞生地——河北永年广府，自幼即受太极拳文化熏陶，受太极拳文化地气滋养。孙建国老师自小崇拜太极拳，热爱太极拳，16岁拜武氏太极拳第四代嫡系传人李锦藩先生为师，后成为其入室弟子。李锦藩师父将拳、剑、刀、杆、推手、炮捶、小架等18种套路全传给了他，孙建国苦练数十载，平时也十分注重理论的体悟与探索，拳架有所成就即遍访全国，与各门派名家切磋、交流。

　　作为中华太极拳的杰出传承人，孙建国老师荣获"中国武术七段"、"武当百杰"、"精武百杰"等荣誉称号。数十年来，孙建国老师在多家武术杂志、报社、网站发表了多篇关于太极拳的优秀论文，深受广大太极拳爱好者的喜爱和追捧。多家电视媒体对其做专题采访；中国武术协会特邀孙建国老师摄制了《中华武藏》系列双语教学光碟20碟；人民体育出版社联合广州"俏佳人"音像公司摄制系列《武式家传太极拳》光碟9碟。另外，孙建国老师还曾参加编写中国《武式太极拳》武术段位制系列教材。

◎邯郸太极文化学院全景图（杨彦领供稿）

◎国家武术运动管理中心主任高小军到邯郸学院太极文化学院视察

◎作者在邯郸学院教授传统武氏太极套路

　　河北邯郸作为杨、武氏太极拳的发源地，为了更好地推广和发扬太极拳，邯郸学院成立了全国高校第一家本科太极文化学院——邯郸太极文化学院。并聘请了孙建国等太极拳名家为学院太极拳客座教授。

　　传承、传播太极拳文化，需要系统的太极拳的拳史、拳论、技法等教学资料。此次孙建国老师耗费数十年光阴、凝聚着他无数心血的《武氏太极拳全典》一书得以出版，可谓是可喜可贺。此书也将成为邯郸太极文化学院武氏太极拳的指定教材，供所有武氏太极拳爱好者学习与交流。

　　我仅为一名太极拳爱好者，本无资格给孙建国老师的太极拳著作作序，但作为广大太极拳事业的积极倡导者之一，愿意为此太极拳著作的问世鼓与呼。

　　是为序。

邯郸学院党委副书记、纪委书记、太极工委书记
段玉铭
2011 年冬于河北邯郸学院

◎作者于武当山演练太极拳

　　我作为中国武侠文学学会工作者，虽未习武，但对武术有一种痴情，因为我的作品大都是武侠小说，对习武之人有着一种特殊的敬意。

　　我同武林各门派结缘，是因为我倡导并组织了中国武侠文化节。我同少林、武当、峨眉、青城、崆峒、昆仑、太极梅花螳螂、两仪拳、太极拳等各门各派的掌门、高足友情甚笃，见识过各门各派英姿飒爽的风采，唯独对太极拳的认知相对较少。

　　太极拳是中国最普及的拳种，论派的大小应该是最大门派，因此太极拳的活动、赛事往往也是自成体系，中国武侠文化节也即将将之纳入其内。我虽对太极拳接触相对较少，但也见识过一些陈氏、杨氏等不同流派的太极拳法。自己也曾练习过简化太极拳，可我觉得某些"太极拳"不像是一种实用的技击拳术，有些甚至像舞蹈或健身操。

　　这一观点一直到认识了武氏太极拳第五代嫡系传承人孙建国先生，看了他在安阳第三届国际航空运动旅游节开幕式上表演的太极拳二路炮捶及40斤重的铁杆，才为之改变——原来太极拳还有这么打的，那真是未丢失传统武术的本色，是一种极具攻击性的拳术。孙建国先生的表演仿佛让人见到了传说中的太极武术始祖张三丰创立的以静制动、以柔克刚、四两拨千斤的太极技击之妙法。

　　我与中华武医养生研究院院长、少林派武师释德斌以及我的助理陈天下等一行四人专程由北京来到永年广府古城，在广府镇镇长陪同下参观了武禹襄故居、东古城楼和弘济桥。随后又来到了广府西街的李亦畲故居后院毗邻孙建国的家中，在他家看到了有关武氏太极拳的传承图片及其先师李锦藩留下的《古谱》资料，得知武氏太极拳创始人是清末举人武禹襄。武禹襄根据王宗岳的《太极拳论》和《太极拳概要图》等资料，与其外甥李亦畲、李启轩共同研磨数年创立了一种新的太极拳理论用以指导太极拳的练法。身法中正安舒、短小紧凑、内外兼修、套路完整的文人习武体系，为之修心养性看家护院而用，过去很少传于外姓披露于世，后人称之为武氏太极拳。

武氏太极的理论已经脱古进入现代，其著作皆为武禹襄习武心得，简单精要，无一虚浮，具有里程碑式的意义。武氏家传太极拳传承由武禹襄、李亦畬、李逊之、李锦藩各位嫡传先师到孙建国先生这一代，已经是第五代。从网上筛查可以见到诸多自称为武氏太极的传人，但真正看到武氏太极拳第四代嫡系传人李锦藩先生的手稿资料才能确定得知，孙建国才是真正的第五代直系传承人，他不但继承了先师的拳艺拳貌所有十几种套路之真谛，更重要的是他保存了先师的手稿资料、拳谱门规、字体墨宝等。

　　孙建国作为新一代武氏太极代表人物，不仅功夫高深，而且人品端正，讷于言而敏于行，为人良善，待人忠厚诚实，尤其重要的是他有着一种崇高使命感。他不仅很好地继承了先师的武功艺业，而且几十年一心发扬光大师门技艺。为了让更多的人了解、接受并传扬武氏太极拳，他继承前辈文化遗产，经几十年苦练研磨心得体会著书立说。经过了不知凡几的青灯之夜，书写了稿纸盈尺的一摞摞文本，终于杀青了这本洋洋数十万言、图文并茂的《武氏太极拳全典》。

　　这本书不仅介绍了武氏太极拳的简史、拳法特点，还收录了武氏太极许多不传之秘。武氏太极拳通常行世的是一路中将架套路，而二路炮捶套路、三路小架套路这两套拳法，李锦藩师父仅传授给了孙建国等广府西街个别入室弟子，孙建国接受师训数十年如一日苦练，其拳艺以臻化境即将步入到出神入化的地步。

　　正因为有孙建国这样德行品格高尚的传承人，才能像武禹襄等各位祖师一样将习武心得、著书立说，毫无保留地将家传绝学展示给大家。

　　太极文化是祖国的传统文化之一，太极拳的传承是需要一批忠诚献身、不计私利的人去推广发扬的。孙建国就是其中一个杰出的代表人物。此书的出版无疑是广大太极拳爱好者的福音。可喜可贺！

——中国武侠文学学会会长　　江上鸥

卯年初夏、书于北京

推荐序三

　　近闻好友孙建国整理的《武氏太极拳全典》即将面市，欣喜之余，欣然提笔，寥寥数语，权作推荐序言。

　　孙建国，河北永年广府人，武氏太极拳第五代嫡系传承人，师承李锦藩。孙建国新著《武氏太极拳全典》，由中国武侠文学会、中华传统武医研究院、北京市武协少林拳研究会联合推荐出版，《武氏太极拳全典》是武氏太极拳历代先辈传承的精华，孙建国先生蛰伏修身、潜心问道、多年累积而成，是武氏太极典范之作，是我国太极文化的重要组成部分。

　　武氏太极拳是武禹襄在陈氏太极拳基础上发展创编的，武氏家乃官绅之家，不以拳术为业，极少授徒，而重自娱自研，看家护院，虽然继承发展了太极拳，自成一家，却因此而流传不广。作为第五代传人的孙建国，他16岁开始拜师学艺，曾经为了探寻太极拳理奥秘走遍祖国大江南北。年近50他才返回广府老家，准备为太极之乡奉献自己所学。

　　孙建国家里有个演武小院，演武厅一直供奉着他恩师亲笔书写"房产可卖，拳业不可丢，不吃拳饭，不扬拳名，拳规不可不守，此理不可不知"。孙建国为此孜孜不倦地践行着，一心只想着武氏太极拳事业。

　　孙建国敬师如父，刻苦研练数十年如一日，恩师谢世后一些拳谱、拳论手稿传于他。孙建国还特意从家中拿出珍藏多年的手抄珍本：《诲艺精言》上下两册、《旧谱再缮》《掘遗缀初》。这些手抄珍本里记载着上代恩师对武氏太极拳的心得体会，是我们现在研究太极拳真谛非常难得的参考资料。武禹襄祖师是永年城官宦望族，受门派的影响，有些套路只能在本家门内秘传，后经李锦藩先生传于永年个别入室弟子。比如武氏家传太极二路炮捶、三路小架、武氏龙凤太极剑、武氏龙凤太极刀、一路太极十三杆、反四刀对练、龙凤太极刀剑对练等，这些套路之前在外界从未显露。

　　武氏太极拳拳架既不同于陈氏太极拳，也不同于杨氏太极拳，武氏太极拳姿势紧凑，动作舒缓、步法严谨、虚实分明，胸、腹部进退皆旋转，身体中正，注重用内动的虚实来支配外形，左右手各管半边，不相逾越，出手不过足尖。武氏太极拳的推手步法为：进三步半，退三步半，非常注重武术的技击性。这些珍藏秘本的内容在《武氏太极拳全典》中会让读者领略。

◎孙建国潜心研究武医

孙建国除了专心研究武氏太极拳之外，还致力于武医方面的钻研，他在太极路上不停地探索，赢得了武术界与社会的认可，山东电视台、河南电视台等多家媒体对其做专访，拍摄了大量的专题片；国家体育总局中国武术协会还曾邀请孙建国拍录《中华武藏》中英文版 DVD 教学光盘，其业绩载入 2005 年、2006 年国家体育总局出版的《中国体育年鉴》。孙建国还获得了"中国武当百杰"的称谓，并取得中国武术七段的段位，成为中国武术协会会员、国家二级裁判、邯郸市武术协会副秘书长、峰峰市区武术协会副主席、永年武氏太极学院院长等职务。

笔者最近从邯郸学院获悉 2011 年邯郸学院成立了太极拳学院，特聘孙建国为客座教授，传授武氏太极拳，更是替他高兴。希望孙建国在太极之乡为太极文化进一步拓展发展思路、探索武术养生之道。本人对《武氏太极拳全典》只作了简单介绍，挂一漏万。但可以肯定的是：该书绝对是武氏太极拳的精品，值得认真研读。

中华传统武医研究院秘书长刘合斌

2011 年 6 月 5 日于北京

在本书出版之前编辑来电说让我写一下自序，一时兴奋竟无从谈起。出书，我筹备了20年之久，现在终于基本完成了《武氏太极拳全典》稿件，这也算是10年磨一剑吧！欣喜之余虽然仍感美中不足，但是世上并无十全齐美之事，为使前辈传统武李氏太极拳套路不失传，努力去挖整做一些力所能及之事。

回顾过去暂短历史，我于20世纪70年代拜师学拳，经过20年的刻苦练拳，到90年代开始教拳，直到2000年才斗胆收徒！本人出生在杨氏、武氏太极拳故乡，与武氏太极拳第二代宗师李亦畲故居后院毗邻。或许是因为特殊的地理环境因素，让我自幼喜爱武术，对太极拳更是情有独钟，充满敬佩。

20世纪70年代初，我上小学三年级。那时古城里很多人练拳，我们一帮小孩子总在晚上一起偷偷跑去看别人练拳。有时去南街大队，有时去东街大队，有时去武禹襄故居。哪里人多、热闹就去哪里偷看。一段时间后，我父亲发现我经常晚上偷跑出去，就问我每天晚上到哪里去了？我告诉他去外街看别人练拳了。父亲听闻道："看练拳还用跑到外街？咱们前院你锦藩大爷就会拳，而且是家传的，改天我给你说说去。"

我听到此消息后非常高兴，第二天下午，放了学，我丢下书包就快步跑到锦藩大爷家去了，小心翼翼地站在他家门口说："大爷！我想学拳！"

锦藩大爷看到我站在门口，微笑着说："你小孩子学啥拳，好好上学，学习文化才好啊！"

我说："学文化太难，学太极拳好！"

他说："文化学不好，太极拳更学不好！我不会拳，你回去写作业吧！"

我不高兴地回去了。

第三天下午，放了学，我又来到大爷家，他正在写毛笔字，我就站在房屋门口，站了很久，我不敢动，也不敢吱声，但我一直没走。大爷不理我，继续写他的毛笔字。我看到他家门后有几根白蜡杆子和一个扫把，就拿起扫把开始扫地，扫完地后又拿铁锹和生火煤（俗称和泥煤）生火，干完活后我就回家去了。

第四天下午，我又悄悄来到李大爷家，我看到右边门后的水缸水不多了，于是就找到小厨房的扁担和水桶到二中南院去挑水。当时我个子比较矮小，不及水桶和扁担钩子加起来的高度，挑水的时候，钩子要在扁担上绕两圈才能让桶不在地上拖。

又过了几天，大爷说要到西关白菜地里种蒜、浇地，我拿起浇地的水兜子与铁锹就一起去浇地了。就这样每天下午干家务活，干了大约一个月的时间，大爷看我比较自觉、劳动勤快、有诚心，才开始教我学太极拳。刚开始只教了一个动作桩功与懒扎衣。基本上每学一个动作都要练习 10 天左右，锦藩大爷每天给我讲解拳法要领：身法的中正、掌形的高低、远近，站桩的角度、方向、距离、时间等。李大爷同意教我了，我早上去、下午去、晚上去，有时一天跑去他家三趟。

我还记得教拳的时候，有些内容是在晚上关着门传授的。其原因有二：一是在粉碎"四人帮"之前，锦藩大爷还戴着"四类分子"右派的帽子，恐怕别人知道教拳后批斗滋事；二是武氏太极拳乃祖传拳术，需保密，不可乱传外人，故选择晚上闭门单传。

一套中捋架拳架差不多学了一年时间才学完。练习了两年之后，锦藩大爷看我的基本功架练习得差不多了，在我要求下才逐步开始教我器械，包括：陇西氏太极强身刀、陇西氏太极强身剑、刀剑对练、四刀对练、反四刀对练、一路十三杆、二路十三杆、一二路对练杆、四杆对练、通杆、摈杆、摔杆、铁杆等。器械和二路炮捶、三路小架、定步推手、活步推手等 18 种套路学完，我都已经高中毕业了。

20 世纪 80 年代到 90 年代这段时间主要是练习套路，在我拜师后，因师傅家未有儿子，只有一个女儿，所以才将武李氏太极拳系列内容真谛传给我们西街近邻的几名入室弟子。高中毕业后我回到家中，更是承担了师傅的大部分家务活，同时也帮助自家父母做一点小生意：在农村集市上卖服装布、床单布等。

入室后为了学到师傅更多的拳术内涵，逢年过节我都从家里拿一些服装布、床单布、门帘布等送到师傅家里。另外，我常常在师傅家干活吃饭，有时还和师傅一起睡在青砖大炕上，就像一家人一样。

……

就这样很快 10 年又过去了。

1986 年"全国武术挖掘整理工作"开展，我常随恩师到广府文化站开会、练拳，恩师向河北省"挖整小组"贡献了《奇枪谱》《弹弓谱》和亲笔小楷抄写的《拳谱》，获得了"挖整先进工作者"的奖牌和证书。

记得 1991 年 8 月 2 日恩师谢世一个月前，我来到恩师家中，恩师让我练懒扎衣给他看，他蹲下

身来——扶摸着我身体的小腿、膝盖、大腿内侧、裆部、腰胯、脊椎、双肩、双肘、双手各个部位角度、距离，纠正我的动作。可是有些地方还是不到位。随后，他伸出一个手指让我用尽全力往外撇。我用尽全身力气，只听"啪"的一声，我被恩师抛出了丈外，摔在房门上。恩师扶起我，再一次给我讲解身法要领和劲的方法应用。

更记忆犹新的是恩师在病逝前一周，他在床上躺着，我来到床边问他："大爷！您教了我们这么多武李家太极拳套路和真谛，是否应该整理成书？免得以后有部分失传。"恩师叹了口气，慢慢说："唉！建国，我是不行了，已经晚了，以后就看你了，你还是高中毕业，有点文化，有些东西就靠给你了！家传太极拳都教给你们了，今后怎么发展就看你了！"当时听完这番话，我眼泪止不住在眼眶打转，对恩师说："师傅您放心！将来我一定把咱们武李家家传太极拳内容全部整理出来公诸于世，发扬光大！"

师傅走后，我一直秉承师傅的教诲，1991 年任中国永年国际太极拳联谊会开幕式千人主教练，1993 年开始数次率队参加国际太极拳大会获得金、银、铜牌数十枚，组织贡献奖多项，1996 年到深圳后又到武当山教学受尽人间酸甜苦辣、风风雨雨的折磨，又自费借债到全国各地寻访、交流、传授太极拳，于 1999 年接待来自世界各地的太极拳爱好者，比如美国、德国、法国、澳大利亚、非州等国家和地区学员传授武氏太极拳。在 2004 年，我曾将师傅传授的武氏家传太极拳整理成文，出版了《武氏太极拳秘籍》一书，还拍摄了《中华武藏》系列教学光碟 20 碟，广州"俏佳人"音像公司联合人民体育出版社拍录了系列的 VCD，在国家级武术杂志上发表论文数篇。

现在流传社会的武氏太极拳套路大多以中捋架为主，很少有人知武氏太极拳还有二路炮捶与三路小架。此次，我整理的《武氏太极拳全典》中包含了武氏家传太极拳中的一路中捋架、二路炮捶、三路小架和推手套路。广大太极拳爱好者，可以通过此书详细了解武氏家传太极拳的内容。

另外，我还将整理武氏太极龙凤回肠刀、剑、杆等器械和《拳谱》理论真谛，望能在有生之年，不负恩师重托。最后，感谢我的恩师李锦藩先生多年来的教诲；感谢江苏镇江港南电子有限公司聂金根总经理、杨龙波会计的支持；感谢深圳灵智伟业全体编辑同人的帮助；感谢武林同人的题词；感谢中国武侠文学会会长李德荣与中华传统武医研究院秘书长刘合斌做推荐序；感谢本门传人马高峰、朱瑶盛、魏本发大力支持配合编图，感谢邯郸太极学院的支持与帮助；感谢出版社的领导同人。不当之处恭听指正！！！

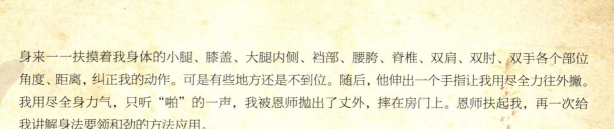

Taiji

目录

上篇

下篇

第一章　武氏太极拳基本功法

第二章　武氏太极拳一路中捋架

第三章　武氏太极拳二路炮捶

第四章 武氏太极拳三路小架

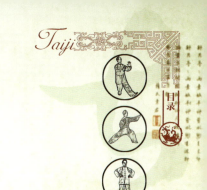

第五章　武氏太极拳精简26式

第六章　武氏太极拳推手演练

第七章　武氏太极拳各招式实战讲解

附录：武氏太极拳传人传承表

上篇

第一章

太极拳中的奇葩——武氏太极拳

太极拳是我国古老文化传承中的瑰宝，武氏太极拳更是太极拳中的一朵奇葩。

提起武氏太极拳，我总有太多的感慨，与武氏太极拳结缘是我的荣幸，将武氏太极拳传承和发扬光大是我需要用一辈子来完成的使命。

武氏太极拳具有非常丰富的理论基础，拳架内固精神、外示安逸，体态端庄、开合有致，紧凑精巧，比较适合文人、达官贵人练习，所以武氏太极拳常常被人们称为「文人拳」、「文雅拳」、「文化拳」。

一、太极拳的源流、发展及演变

"太极生两仪，两仪生四象，四象生八卦。"可能大家都知道有这样的一句话，但它究竟源自何处？太极拳为什么要叫做太极拳？邓小平同志曾经题词："太极拳好。"它究竟好在哪里？太极拳为什么会成为世界级的非物质文化遗产？

❸ 太极拳的由来

要知道太极拳的由来，一定要先了解太极的含义。"太极"一词，最早出现在儒家"四书五经"之一的《易经》中："易有太极，始生两仪，两仪生四象，四象生八卦。"其中所说的太极是指天地未开，一片混沌的状态。太极成气，动而生阳，静而生阴。两仪则是阴、阳二仪。把它说得通俗一点就是在这宇宙万物之中，任何事物都有其两面性，它们相互依存、相互争斗。

太极揭示了物质世界的一般规律，是众多事物的纲领和由来，也是事物产生与消亡的根由所在。所谓天地之道，以阴阳二气造化万物。天地、日月、雷电、风雨、四时、午前午后，以及雄雌、刚柔、动静、显敛，万事万物，莫不分阴阳。人生之理，以阴阳二气长养百骸。经络、骨肉、腹背、五脏、六腑，乃至七损八益，一身之内，莫不合阴阳之理。这一理论建立至今已两三千年，仍在为人们描述万象。

太极拳早期叫绵拳、软拳、长拳、十三势等，直到清朝乾隆年间，在著名的内家拳行家王宗岳的著作《太极拳谱》中才确定了太极拳的名称。《太极拳谱》的首段即以"太极"立论，书中写着："太极者，无极而生，动静之机，阴阳之母也……虽变化万端，而理唯一贯。"可以看出，太极拳与太极、无极、阴阳、五行、八卦、气等中国古典哲学概念有关，而其中的贯穿者是"太极"。

太极拳运动形式动静相兼、刚柔相济，运动过程中忽刚忽柔，招法圆活如环无端，运动作势，无中生有，与"太极生两仪"的哲学观念恰好吻合，所以世人也就接受了太极拳这一称谓并沿用至今。

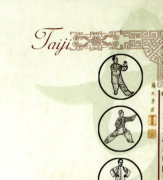

太极拳经过长期流传，演变出许多流派，论源流久远，广被承认，练习者众多，以陈、杨、武、吴、孙、赵堡太极等派为最。武当张三丰太极为之最早，各流派之间又有着相互传承与演变，民国时期的武术诗人杨季子曾写过这样的诗句："谁料豫北陈家拳，却赖冀南杨家传。"讲述的就是陈氏太极拳与杨氏太极拳之间的故事。下面简单介绍一下现在比较流行的其他太极拳门派。

◈ 陈氏太极拳

陈氏太极拳由陈氏九世祖陈王廷所创。陈王廷又名陈奏庭，系明末武痒生、清初文痒生，文武双全，曾只身闯玉带山，劲阻登封武举李际遇叛乱，为清廷在山东平定盗匪立过战功，在河南、山东负有盛名却不被清廷重用。

陈王廷报国无门，收心隐退，在耕作之余，依据自己祖传之一百单八式长拳，博采众家精华，结合易学上有关的阴阳五行之理，并参考传统中医学中有关经络学说及导引、吐纳之术，创造出了一套具有阴阳相合、刚柔相济的新型拳术，包括太极拳五路、炮捶一路、双人推手及刀、枪、棍、剑、铜、双人粘枪等器械套路。

陈氏太极拳老架共有 7 个套路，流传最广的有：第一路和第二路（炮捶）。陈氏太极拳虽有小架、大架之分，但其运动特点基本一致：整套动作在快慢、刚柔、开合、曲直等矛盾中相互依存、互相转化，相连不断，一气呵成。

◈ 杨氏太极拳

杨氏太极拳是杨福魁（1799—1872）所创。

杨福魁，字露禅，河北永年人，久慕太极拳之妙，三下陈家沟向陈长兴学太极拳，艺成后进京（北京），京城武师多向其挑战，尽皆败北。杨露禅因而声名大噪，当时武术界均称其"杨无敌"，一时王公贵族从学者众。后太极拳宣传有养生功效，经杨澄甫大力更订，发展成为国拳，其基础实为

杨澄甫奠定。（有民国武侠小说言：杨露禅久慕陈家沟陈氏长拳，三下陈家沟学的也是陈氏长拳。）

杨露禅传子杨班侯、杨健侯（1839—1917），后其技由其孙杨少侯、杨澄甫（1883—1936）传承。

杨澄甫以大架为本，最后定型为当今流行的"杨家太极大架"。杨家内部仍然有大、中、小和长拳的传授，但是拳架招式是以杨澄甫定型的大架为主。而且这4个架势并不是四套拳，只是一套拳的4种打法。

杨氏太极拳对手、眼、身法、步有严格的要求，练拳和推手，手、眼、身法、步按要求做到正确才能收到良好的效果。

注：杨氏太极拳创拳为杨氏，传外姓后亦被人称为杨式太极拳，此碑为后人而立，故用"式"。

③ 吴氏太极拳

河北大兴人吴鉴泉，在杨露禅到北京授拳时，其父全佑从学太极拳，后又拜杨之次子杨班侯为师，在杨氏太极拳小架的基础上逐步修订，又经吴鉴泉改进修润而形成了一个流派，即"吴氏太极拳"。

全佑(1834—1902)字公甫，号保亭，老姓吴福氏。满族。北京大兴人。杨露禅在京授拳时，神机（火器）营中的万春、凌山、全佑受益最佳。经数年勤学苦练，三人各得所长。凌山善发劲；万春得刚劲；全佑则长于柔化。后全佑从杨氏次子班侯继续深造，事师最孝，学习笃诚，深受杨露禅宠爱，兼得杨家父子之长，练习吴氏太极拳称著京城。

全佑先生，性格外柔内刚、外表斯文，为人慷慨、乐于助人，曾于路上见有军人打商贩，遂上前阻止。军人自负孔武有力，又见全佑斯文，认为可欺，则一言不合拳脚交加，但如蜻蜓撼树，倒地不起。全佑则告诫其不可自负拳技，欺凌百姓。

注：吴氏太极拳创拳为吴氏，传外姓后亦被人称为吴式太极拳，此碑为后人而立，故用"式"。

一日，全佑在书房读书，忽有客人来访。全佑出客厅相迎，只见客人已经进了大门。全佑款款相迎，那人疾步向前，一揖倒地说："晚生拜见。"全佑拱手还礼，这一瞬间，只听得咣的一声，来客突然飞起，倒撞到客厅门外。周围的人大吃一惊，莫名其妙。原来客人在施礼时突然用一招"仙人指路"，直朝全佑下腹打来。全佑明察秋毫，连消带打，便把来客腾空发了出去。

许禹生在《太极拳势图解》里写道："当露禅先生充旗营教师时，得其真传盖三人：万春、凌山、全佑是也；一劲刚、一善发人、一善柔化；或谓三人各得先生之一体，有筋骨皮之分。"

全佑传子吴鉴泉。吴鉴泉(1870—1942)，又名爱绅，满族，从汉姓吴。北京大兴人，全佑之子。自幼秉家学，并在其父杨氏小架拳式的基础上逐步修改，形成松静自然、架势紧凑、缓慢连绵、不纵不跳、长于柔化的吴氏太极拳。1912年，吴鉴泉在北京体育研究社教授太极拳，从那时起他对家传的太极拳加以充实和修改，去掉重复和跳跃动作，使拳架更加柔化，形成吴氏太极拳流派，吴氏太极拳三十七式。

吴鉴泉还对太极拳推手做了改进，他的吴氏太极推手别具一格，要求立身中正安静、细腻绵柔、宁静而不妄动。他的推手不仅手法严密，而且招数特别多。

吴鉴泉演练的太极拳，除了慢架子外，还有快架子。快架子是一种刚柔相济、快慢相间的太极拳术，演练起来既轻快又柔和。吴鉴泉不仅精于太极拳，对各种器械，如太极剑、太极对剑、太极刀、太极十三枪等也非常精熟。

现在，吴氏太极拳以柔化著称，动作轻松自然、连续不断，拳式小巧灵活。拳架由开展而紧凑，紧凑中不显拘谨。推手动作严密、细腻，守静而不妄动，亦以柔化见长。

孙氏太极拳

孙氏太极拳是武术百花园中的一朵艳丽的奇葩，它是由孙禄堂先生集形意、八卦、太极之大成，冶三家于一炉所创立的优秀拳种之一。

注：孙氏太极拳创拳为孙氏，传外姓后亦被人称为孙式太极拳，此碑为后人而立，故用"式"。

孙禄堂（1860—1933）名福全，字禄堂，晚号涵斋，别号活猴，河北望都县东任疃村人。清末民初蜚声海内外的著名武学大家，堪称一代宗师，在近代武林中素有"虎头少保"、"天下第一手"之称。

孙禄堂从小就酷爱武术，早年随形意拳大师郭云深学习形意拳，并从八卦掌大师董海川弟子程廷华学习八卦掌。后来，因为照顾病中的武禹襄传人郝为真，蒙其传授太极拳学。孙禄堂将三者合而为一，自成一家，人称孙氏太极拳。

孙氏太极拳的特点是进退相随、舒展圆活、动作灵敏，转变方向时多以开合相接，又被人称"开合活步太极拳"。因内含八卦掌千变万化的特色，故又称"八卦太极拳"。

❸ 和氏太极拳

和氏太极拳始创于清末河南温县赵堡镇太极拳名家和兆元（1810—1890），因地域亦被称为赵堡太极拳。它的起源有两种说法：

一种说法是由武当太极拳创始人张三丰所创，由武当太极拳外传，祖师王宗岳传蒋发。蒋发又传邢喜怀，经历数代人的传承，历经数百年的修整和改良形成了今天的赵堡太极拳。

另一种说法是陈氏太极拳新架的一种套路，是由陈有本的弟子陈清平创编。它的特点是小巧紧凑、动作缓慢，练会后逐渐加圈，以致极为复杂。

因为是在河南温县赵堡镇首先传开的，故人们称为"赵堡架"。赵堡架究竟源于武当，还是陈家沟，目前尚无定论。

赵堡太极拳架轻灵圆活，动作舒展大方，演练时，步活圈圆，环环相扣，无明显发力动作，套路贯穿，有柔有刚，在掌握套路后，即逐步化圆为圈、由简到繁，提高技巧、难度。赵堡太极拳，在走技方面擅长拿、跌、掷、打、靠诸艺，又有各种擒拿与反擒拿动作，融于套路中，其技击特点甚为突出。

注：和氏太极拳创拳为和氏，传外姓后亦被人称为和式太极拳，此碑为后人而立，故用"式"。

二、武氏太极拳的起源与传承

武氏太极拳，起源于清朝道光年间（1821—1851），为武禹襄祖师（1812—1880）所创。至今160多年的历史了。现在武氏太极拳已经传播到世界60多个国家，备受世人尊崇与追捧。

❸ 武禹襄

武禹襄（1812—1880），名河清，字禹襄，号廉泉，广府城东街人。出生于书香门地，官宦人家，晚清秀才，不好功名富贵，除教书外，即在家自己习武健身。

武禹襄与杨露禅是同代人，又是亲戚，两人曾同习洪拳长拳。后来杨露禅三下陈家沟求师，学拳归来后，寄居在"太和堂"药店，靠教拳过日子。武禹襄见杨露禅的太极拳套路轻灵曼妙、柔中见刚，便深为喜爱。与杨切磋后，对太极拳更是惊羡不已，便于1852年去河南舞阳其兄长处，准备到陈家沟拜访陈长兴学拳。途经赵堡镇时，得知陈长兴年纪已老，病魔缠身，无法教拳。武禹襄失望之余，听闻另一太极拳拳师陈清平正在赵堡镇教拳，且盛传清萍拳艺甚精，武禹襄便转托于陈清平门下，倾学拳艺。

©创始人武禹襄

当时，陈清平遇上一桩难办的案子，即太平天国失败后，官府说他有几个弟子参加了太平军，让他限期交人。陈清平愁得上天无路，入地无门。武禹襄知悉后，通过在刑部供职的二哥的关系，为陈清平了结了此案。陈清平为报武禹襄大恩，便将自己所习拳技精髓、奥旨秘诀倾囊传授。陈清平所授拳架与陈长兴大不相同，陈长兴拳架开展，陈清平拳架紧凑，武禹襄边学边练，并将所得拳理、拳诀一一作了札记。

后来，武禹襄在舞阳县时，得到太极宗师王宗岳的一本《太极拳谱》和两本无名作者的《太极拳概要图》、《拳论》。回到永年后，即找他外甥李经纶（即李亦畬）搭手试验，一招一式虽然均按陈清平教导方法进行攻守，但是都不能达到预期效果，乃知只记得武术架势不行，必须在理论的指导下勤学苦练，达到心知、身知合一，才能应用。

此后，武禹襄日夜研究，两年后大有精进，便发挥王宗岳《太极拳谱》之义，写成《打手要言》、

《十三势行功心解》各一篇，又归纳要领为《身法十要》。

有一次，杨露禅次子杨班侯自北京回到广府城，当时武禹襄正在城墙上，见杨班侯归来，将到城边，便大声问："近来太极拳学得怎样了？我在城上试打你，你试应几招。"说着，便做出进击掌势，杨班侯则在城下遥遥应击。武禹襄出了3招，杨班侯应了3招，武禹襄说："不对。"可杨班侯不信。武禹襄笑道："你到我家，我俩当面试试便知。"杨班侯立马到了武禹襄家，两人一搭手，还是那3招，杨班侯跌倒3次。至此，性刚骄躁、从不肯认输的杨班侯对武禹襄终生敬服。

武禹襄的拳式紧小，不同于陈氏老架、新架，也不同于杨氏大架、小架，乃学而后化，自成一家。禹襄去世后，被尊为武氏太极拳创始人。

❸ 李亦畲

李亦畲(1832—1892)，名经纶，字亦畲，号李大先生，广府城西街人，清末举人。郑元善中丞督师河南，延请李亦畲入幕，参赞军机，报请朝廷授以巡检职。后来，李亦畲辞官回家经商，又跟着二弟李曾纶学中医、种牛痘。

1853年，22岁的李亦畲开始从其舅舅武禹襄学太极拳。李亦畲异常勤奋，为怕耽误练拳，武禹襄到哪儿他随行到哪儿，苦练不停达30年。此外，他还效仿武禹襄之法，每有一点体会，便写成字条粘在墙上，一再修订，直到满意为止，最后整理成文。李亦畲一生著有《五字诀》一篇，《走架打手行工要言》一篇，《太极拳》序及跋各一篇，并于1881—1882年将王宗岳《太极拳谱》、武禹襄太极拳论及自己的心得体会手抄三本留存，成为后世太极拳经典，被称为"老三本"。

◎二代传人李亦畲

相传有一位名镖师路过永年，闻听李亦畲之名，经人介绍，请教李亦畲太极拳妙处。李亦畲说："太极拳无硬功可言，其奇妙在因敌变化，你要打我，则我的功夫立刻可以见到。"镖师自称不敢。李亦畲说："要这样的话，你就见不到太极拳的神妙了。"镖师说："如此，我想得见真功夫，请你恕我不敬。"李亦畲说："这就对了。不过，你要用力，不可谦让。"镖师见李亦畲身材短小、貌不惊人，可说出话来却有恃无恐，当下便不再客气，力贯右臂，吐气开声，猛然间向李亦畲胸部打来。李亦畲

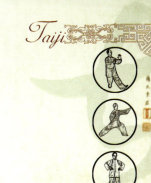

不闪不避，而是以胸部承受了这开碑裂石的一拳，只听"嘭"的一声响，李亦畬足稍动，而镖师却离地飞起，跌落在地上好半天爬不起身，连连向李亦畬作揖说："我今天才知道太极拳的神妙了。"

还有一次，一个膀阔腰圆且身怀武功的胖大和尚慕李亦畬之名来到永年，正巧李亦畬家有人结婚，便带了礼物致贺。李亦畬不知和尚来意，还以为是别人的朋友。和尚进门专与李亦畬说话，见李亦畬要到门外送客，便张开两臂按住李亦畬双肩说："请留步。"李亦畬随意一抬手说："那怎么行？"和尚一个跟跄，便跌到了门外。后来，和尚到茶馆中喝茶，对人说："你们这儿李大先生拳法实在妙极，名不虚传啊！"

李亦畬将拳技传于儿子宝廉、宝让以及河北广府城郝为真等人。其弟子对武氏太极拳的推广也有较大的影响。

☯ 郝为真

武氏太极拳第三代宗师郝为真，名和。永年城里大神庙街人。生于清朝末年(1849年)，卒于民国初年(1920年)。先生为人温和敦厚，幼年好武，曾学洪拳、春秋拳。后见太极拳甚是巧妙，遂拜李亦畬先生为师，学习太极拳。他严守师训，练拳一丝不苟，苦练不辍，认真刻苦，晨昏无间，深得老师喜爱。郝为真曾任永年省立十三中学、县尚小两校武术教授。

◎三代传人郝为真

郝先生为人和蔼，拳技精湛，与人交手试技，无不着手奏效。发人于寻丈之外，制人而不伤人，来访者无不心悦诚服，因之访者必拜师而后去。在当时习武者无不以拜郝和学拳为荣，授徒遍布华夏。先生拳技演学一派(曾一度称为郝派)。其所传架子，系武氏所传架子。开合，按一呼四发口令，以便于学生集体学习，先生留下有"不丢不顶"和"练功之阶段"等习功训教。

他的传人中郝月如、孙禄堂、李宝玉、李圣端、李福荫、韩钦贤、张振宗等皆是武林高手。先生创编了一呼四发的开合太极拳，使武氏太极拳得到了进一步发展和完善，堪称为武氏太极拳的一代宗师。因此，在太极拳界一度有郝氏太极拳之称，可见他对太极拳发展之贡献。

武氏太极拳全典——上卷

李逊之

李宝让，字逊之(1882—1944)，李亦畬次子，是武氏太极拳第三代传人。由于李亦畬晚年得子，对李逊之倍加爱护，并把武氏太极拳艺和秘诀全部授于他。李亦畬去世后，李逊之又受教于族叔李启轩，因此，李逊之在拳艺上的造诣相当深厚，可谓完全继承了武氏太极拳的衣钵。

◎三代传人李逊之

李逊之不满6岁便在父亲的督促下开始学习武氏太极拳。开始因年幼贪玩，常受到李亦畬的训导和体罚。但不久他自己就迷上了太极拳，每日上午习文，下午习武，常常与姐姐和哥哥李石泉推手较技，并与师兄郝为真切磋。在练功过程中，李逊之不断总结练功方法。比如用绳子系住固定在脖子上，不用伸缩来发放人。他指出武氏太极拳的抽丝劲和缠丝劲是相互联系的，能掌握抽丝劲就有缠丝劲。从神气方面讲，抽丝是直的，可是这一转手、一转身，腿蹬、腰转，两臂也随之转，就形成了缠丝，产生了螺旋劲。

李家世代书香门第，李逊之平时给人的印象又似个文弱书生，故外人多以为他不懂太极拳，其实李逊之的功夫早已达到上乘水平。李逊之在晚年时仍不断地探讨、研究拳法的奥妙所在，著有《初学太极拳练法述要》、《不丢不顶浅释》、《授艺精言》等拳论。

李逊之为人和蔼可亲、平易近人，不少乡邻要拜师学艺。在选择学生的时候，他很注重人品的好坏，不但传学生武功，而且教他们做人。他最得意的传人是他的族孙李锦藩等人，并将其毕生所学毫无保留地传给了他们。

李锦藩

李锦藩，1920年出生于河北省永年县广府镇西街，武氏太极拳第四代嫡系传人，系武氏太极拳第二代宗师李亦畬的族曾孙。

李锦藩从幼年起跟李亦畬的儿子李石泉(宝廉)、李逊之(宝让)学拳，深得两位前辈垂爱，得本门拳法精髓，成为宝廉、宝让两位大师之后李氏家族共同推举的掌门人。李家的祖传拳谱、拳论、

典籍等由李锦藩先生保管。他秉承祖上遗风琴、棋、书、画、中医、篆刻样样精通，不仅在李氏家族中择人授艺而且打破门规，将武李氏以前从未外传的二路炮捶、三路小架、陇西氏龙凤回肠太极刀、太极剑、一路十三杆、掤杆、甩杆等传与西街近临门徒，将武李氏家传太极拳广泛传于社会。

在晚年，李锦藩将毕生所得所学著录为四册拳谱：《旧谱再缮》《掘遗缀初》《诲艺精言》上下两册。在《掘遗缀初》中辑录了在其他拳谱中未曾有过的《太极拳概要图》《拳论》、李亦畬著的《五字诀》初稿、《虚实开合图》《论虚实开合》、李启轩之《一字诀》《太极拳白话歌》等秘籍。1948年曾在邯郸市业余干部学校任教，1953年蒙冤，1978年平反，同年书写门规："技艺苦练，武德当先。衣钵相传，宁少勿滥。"又书写："房产可卖拳业不可丢，不吃拳饭不扬拳名，拳规不可不守，此理不可不知。"（这些手稿、书法传于入室弟子孙建国处保存。）1984年参加邯郸市地区老干部运动会，获太极拳表演"一等奖"，1986年获"全国武术挖掘整理先进工作者"光荣称号。

1991年8月2日，李锦藩病逝，享年72岁。

❸ 附：

除以上几位武氏太极拳主要传承人之外，还有一批武氏太极拳传承者，对武氏太极拳的发展也作出了卓越的贡献（限于篇幅，仅在此列举几位，向未列入者致歉）。

郝月如（1877—1935），名文桂，郝为真大师之次子。得家传，善用短打。1928年前在永年城里第一完全小学任武术教师，并兼任永年国术馆馆长，执馆任教。后应李宝玉、孙禄堂之约，赴南京、广东等地授艺，教拳终生。殁于南书馆舍，著有《太极拳十三要点注解》《武氏太极拳走架打手》等，完善了武氏开合太极拳体系，为武氏太极拳成为太极拳坛的一大门派奠定了一个坚实的基础。他一生授徒颇多，且多为当时政府要员，得其衣钵者为其子少如。

郝少如，字梦修，生于1907年，卒于1983年，继承其父月如的衣钵。他生于太极世家，自幼受环境的影响和熏陶，成年时对太极拳的精要已心领神会。1928年随父到南京、上海授拳。当时沪、宁、杭名师林立，少如先生23岁独闯上海滩，实属罕见。他一生勤奋，桃李满园，为武氏太极拳在国内外的传播，立下了汗马功劳。

少如先生为人忠厚、体魄魁伟、武技高超，颇有其祖父郝为真之遗风。少如先生学识渊博，以

理论与实践的高度一致驾驭精湛的太极拳拳艺。他不仅能正确地解释武、李、郝三家拳论中每一个字的深刻含义，而且还能将其精华演练得淋漓尽致。他谙熟理法，能将精微巧妙的拳要讲解得非常细致而透彻，是艺理俱精、极负盛名的一代名师。著有《武氏太极拳》一书，阐述了他几十年练拳、教拳的心得体会，为武氏太极拳的鼎足先声开道，实为功德无量。

郝少如传弟子有刘积顺、蒲公达、卞锦祺、黄士亨、成慧芳、施雪琴、部康年、屠彭年、杨年等。

翟文章（1919—1988），其父翟连臣随亲戚永年太极拳宗师郝为真先生学拳。与郝月如同室研练，深得郝为真太极拳秘传。翟文章自幼随父练习郝式太极拳，尽得真传。后又拜永年广府太极拳名家杨兆林（杨风侯之子）为师。因勤学苦练，遵被杨家收为入门弟子。翟文章集郝、杨两家拳术之精华，成为一代著名太极拳高手。

翟文章曾任中国人民解放军三十八军特种部队武术教官。回到故里后，集中精力研究太极拳奥秘，留遗著有《太极拳解析》、《太极拳克敌要言》、《太极拳静功秘诀》等数篇。生前曾任邯郸地区太极拳研究会副会长、永年太极联谊会副会长、邯郸地区武术协会委员、永年县太极拳学校校长兼太极拳学校对外交流会会长。

1988年4月，受中国武术协会邀请，翟文章携大弟子杨振河参加中日太极拳技术交流会。1987年被河北省人民政府授予先进武术拳师荣誉证书。入室弟子有杨振河、董新成、刘新华、赵宪平、胡利平、路军强、温红亮、赵军海、张会民等。

刘积顺，上海人士，系郝少如大师的入门高足，是武氏太极拳的佼佼者。先生为人耿直豪爽、平易近人，在上海随郝少如老师练拳多年，深得郝氏真传。他武技精湛、功夫上乘，在上海授徒很多，曾多次率队出国访问、授拳，为武氏太极拳传播海外立下功劳。

陈固安，河北邢台市人，系武氏太极拳大师李圣端的弟子。先生早年曾和韩钦贤先生学练太极拳。平生性格豪爽，武技精湛，曾创编"新架武氏太极拳"和"武氏太极拳太极五行棍"等功法，名扬海内外。他在国外的传人大多成了武氏太极拳向海外传播的开拓者。

现在，武氏太极拳以广府为中心，已经传播到世界五大洲60多个国家和地区，成为中国人民与世界各国人民友好往来的桥梁和纽带。

三、我与武氏太极拳——怀念我的恩师李锦藩先生

常言道："一方水土养一方人。"

河北永年广府古城这片古老而又神奇的燕赵故土养育了一代代崇尚武风的子孙，故在永年当地流传着，"喝了永年水，都会伸伸腿"之说，这句俚语不仅是对太极拳圣地永年的写照，也是对永年尚武之风的最好概括。在这片土地上，不仅涌现出了一批在中华历史上光耀千古的英雄人物，而且养育出了杨露禅、武禹襄、李亦畲、郝为真等武之圣者。

2011 年 8 月 2 日，是武氏太极拳第四代嫡系传人李锦藩先生谢世 20 周年忌日。古人说："饮水不忘挖井人，乘凉不忘栽树人。"我深深记得恩师在去世前一个月指点我练拳的情景：他摸着我的身体的各个部位——校正每式的要领，他看我某些地方总是做不到位，于是站起身来伸出一个手指头说，"你可以用全力撤我的手指向我进攻"。我用尽全身力气，只听"啪"的一声，我被甩到 3 米以外的房门上。而后他又认真地给我讲解内三合、外三合的基本要领以及各部内劲在人体的表现。

20 世纪 70 年代，我父亲是广府西街二队会计兼记工员，父亲与李锦藩恩师关系甚好。当时李锦藩恩师被划为"右派"，还戴着一顶地主的"帽子"，许多人都不愿与他接近，生产队里一些脏活、重活、没人愿干的活都推到他身上，如清扫街道、积肥、掏大粪，参加"农业学大寨"劳动等。李锦藩受尽了折磨、吃尽了苦头，可到了年终有人还要想方设法扣除他的工分。父亲却坚持原则，按先生实际出工多少记分、分口粮（当时叫分红）。这些事情虽然过去很久了，却给我留下了很深刻的印象。面对当时险恶的环境，恩师却总是默默地承受着，好像

◎李锦藩先师手迹

什么事情也没有发生过一样。

那时候，永年广府很多人练拳，我们一群小伙伴晚上放学回家就四处去串门看别人练拳，自己也在旁边跟着比画。后来，我的父亲见我如此喜欢拳术，于是介绍我去李锦藩大爷家中学拳。

我记得第一次去大爷家，大爷并没有教我拳术，只是笑着问了我几个问题："建国，你为什么要学拳？学拳干什么？你怎么知道我会拳……"

我胆小，一时没有回答上来。锦藩大爷见我没有说话，就告诉我让我回去想想。

后来，我每天下课之后，放下书包就去锦藩大爷家玩，帮他做一些力所能及的家务。时间久了，锦藩大爷看我学拳比较诚心，做事比较勤快，肯吃苦，于是就教了我一个动作桩功与懒扎衣。

老师对每一个动作要求都很严格，他说："练拳和学写正楷书法是一个道理，每一点，每一横都要严格认真，只有写好每一点、每一横、每一竖，而后加起来才能形成一个完整的字，每一画写不好，那个字也就写不好，拳术每一个动作练不好，整个套路也就练不好。"

就这样，一个套路学了一年左右。这里包括几个阶段：一学架子；二练架子；三改架子；四正架子；五走架子。过了两年，我想学练器械，老师说："李家的拳械一理，拳架练好了，基本功有了，器械就容易学了。李家器械套路都有拳诀，在练功前应先背诵拳诀，按歌诀去练就会用意分明，少走一些弯路。"

在秉承祖训的同时，恩师也担心弟子拳学的失传，于是在晚年耗尽毕生精力著写了四本秘谱。

第一本是《诲艺精言》上册，内附拳械秘本，叙述的是李石泉祖父授拳经过和练功秘诀。这些内容都是用永年方言土语来描述的。

©怀念恩师李锦藩先生

第二本是《诲艺精言》下册，描述了十一祖父李逊之授拳经过和严格家教的情形。

第三本是《掘遗缀初》，内容是武李两家先辈遗留下的拳谱拳论，以及"五字诀"初稿和"太极拳概要图"。

第四本《旧谱再缮》是将武李家先贤遗留的古谱结合自己练功体会所著，方便本门练习者更加容易掌握武氏太极要领。

1991 年 7 月的一天，当时恩师已病重在床，我在床前护理，恩师语重心长地说："武李家所有的太极套路虽全部传给你们了，但未能完全整理成图版文字出来，而陇西氏太极刀、剑以及对练只整理了一部分，后半部分未写完。以后就看你了。"我听了泪流满面，暗暗下定决心，以后一定要把恩师所传的系列套路全部整理出来。

20 多年来，恩师将先辈祖传的系列套路传给了我们入室弟子。其套路包括：一路中捋架，二路炮捶，三路小架，太极刀，太极剑，刀剑对练，四刀对练，反四刀，太极一路杆，太极二路杆，二路杆对练，四杆对练，通杆，槟杆，甩杆，活步推手，做桩推手，不做桩推手等套路。

1991 年 8 月，恩师谢世后，为不致本门功法失传，在原《武当》杂志编辑高飞先生的帮助下，开始整理武氏太极拳功法系列套路，自 1996 年至 1998 年连续两年多在有关刊物刊登了武氏家传太极拳的系列功法，受到了广大太极拳同道的好评。又先后在《武魂》杂志 1999 年第 1、第 2、第 9 期，2002 年 12 期，《精武》杂志 1998 年 3 期，《中华武术》2001 年第 4、第 5、第 6 期等刊物也发表了部分套路。《武当拳法探微》、《太极拳论文集》、《太极》等杂志也收录了关于武氏太极拳研究方面的论文。这些工作也是对恩师锦藩先生在天之灵的告慰。

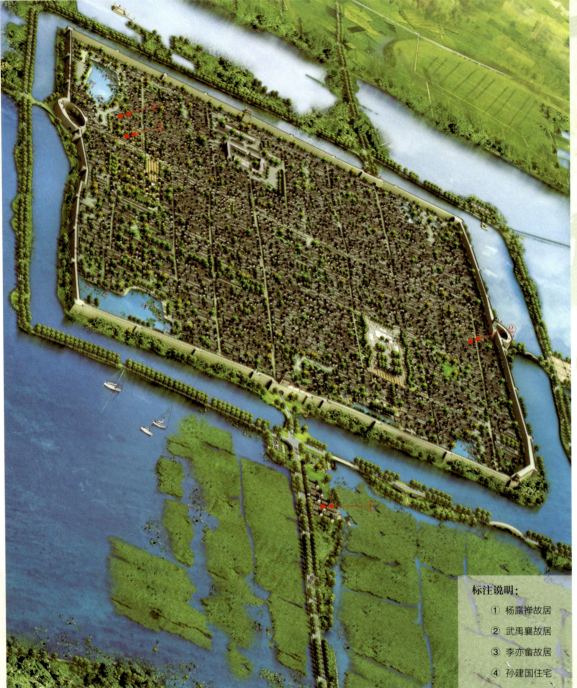

标注说明:

① 杨露禅故居

② 武禹襄故居

③ 李亦畬故居

④ 孙建国住宅

永年广府鸟瞰图

四、解答关于武氏太极拳的一些疑惑

中华武术之真谛从某种意义上而言，其实是一种诱惑。"谜"一样的答案总是令人想要探究它，试图揭开它。在这里我搜集了多年来太极拳爱好者们问得最多的几个问题。

问：孙老师您好！请您谈一下永年广府武氏太极拳这一支系的真正师承关系好吗？

答：好的。我是在 20 世纪 70 年代初上小学的时候，跟永年广府西街本生产队近邻李锦藩大爷学练太极拳的，当时年纪小也不知道什么是师承关系，就是每天下午刚放学把书包往家里一丢就跑到李大爷家中去。

刚到他家的前几天，李老师根本不谈拳，只是和我聊聊我在学校的学习情况和一些家务事。我不敢多问、多说话，就自愿地帮李大爷干家务活，比如扫地、挑水、和煤、种地等。当时我去永年二中南院挑水时，由于年纪小、个子矮，还没有扁担钩子加上水桶高，挑水的时候得把扁担钩子绕扁担两圈，才能使桶不落地。

我在李大爷家自愿干了一两个月家务活后，李大爷看我诚心学拳才开始教了我一两个太极拳动作。一年之后我才学完了一个太极拳的套路。几年后我提出要拜师，李大爷才介绍自己是 1937 年在跟本家十一祖父李逊之（李亦畬次子）学习徒手拳术，跟十祖父李石泉（李亦畬长子）学习各种器械套路的。李逊之、李石泉得传于其父李亦畬和叔父李启轩，而武禹襄祖师是两位李家宗师的母舅。

在清朝末年，因为封建的意识、观念，有些套路研练只能在本家门内秘传，后因我的恩师李锦藩先生终生未有儿子才传于我们永年个别入室弟子。比如武氏家传太极二路炮捶、太极三路小架、武氏龙凤太极剑、武氏龙凤太极刀、一路太极十三杆、反四刀对练、龙凤太极刀剑对练等。这些套路在外界是见不到的。

1990 年夏天，广西南宁《金色年华》主编严翰秀先生曾几次恳求采访我的恩师李锦藩先生，在其多次敬言劝说下，李师终于在里屋的古旧木箱里取出一个包着几层红布的包裹，小心翼翼地打开后，竟是集毕生精力所著的四本拳谱：《诲艺精言》上下册、《旧谱再缮》、《掘遗缀初》。严翰秀先生非常兴奋地说："能否拍几张照片？"李师想了想委婉地说："只可拍封面不可翻开页拍。"严翰秀先生答应后，只拍了封面，不过还有录音机记录。当时，只有我和师母在场亲眼目睹了全部过程。1993 年

出版的《永年太极拳史料集成》、《从古城走向世界》一书中就有关于此事的记载。

问： 武李氏太极拳外形动作套路与外界有何不同？

答： 首先是掌型不同。咱们武李氏家传太极拳的掌型为"五花掌"，即五指自然张开，掌心劳宫穴向内，竖腕坐掌、意贯掌根、小指沿下侧竖腕立掌 (掌背与小臂角度为 135° 左右)；这样气血、劲道容易通达并有较大的承受力，更容易将内劲节节贯穿，久练后会有很强的气胀感，劲路自然会走通。再就是竖脊坐胯，也就是尾闾中正。

李锦藩先师在世的时候常常在书桌上的笔筒中抽取一支毛笔，比喻说："你的脊柱应该像毛笔一样竖直才行，腰胯旋转像笔在我手中左右运动自如才好，我十一爷逊之说：'身体不竖直一辈子白练拳。'"他是在比喻身法的中正和腰胯运动的方法。

其次是套路上的不同。武李氏家传太极拳系列套路比较全面，恩师过去常说，一路中捋架、二路炮捶、三路小架、龙凤太极剑、龙凤太极刀、一路杆、二路杆、四杆对练、四刀对练、内桩功、通杆、槟杆、甩杆、推手等十几种套路，外界流传的只有一小部分。

从 1995 年开始我走遍祖国大江南北，拜访武派名家大师，想看看是否有比恩师李锦藩先生一脉更全面的武氏太极拳内容，到目前为止还未能发现比李师家传更全面的拳路。

问： 您能谈谈太极拳的"松与紧、刚与柔"吗？

答： 太极拳各个门派的套路不同，练功层次不同，理解程度不同。有的是先练大圈，一定时期后变中圈，再过一段时期后变小圈，最后境界变没圈，就是一个点。意到何处，何处发人，掷弹劲，爆发劲，以气而言。从外形到内意，从内意到外形，又从内气发放外形。从有形有意到无形无意。拳无拳，意无意，无意之中是真意，此理正与武禹襄祖师的"先有心知，后有身知，身知胜于心知"拳论相通。练拳时先松后紧为养生，先紧后松为练功。先刚后柔长功快，先柔后刚健身操，最后境界应为松紧并用、刚柔并济方为妙。

问： 武李氏家传太极拳在练功方法上与外界有何不同？

答： 恩师李锦藩先生经常把练拳比作写书法：

第一，要握好毛笔。

第二，蘸足墨水。

第三，坐姿正确，脊椎竖直。

第四，意念集中在笔锋，纸墨上才有入木三分之意念。

第五，每一点严格认真，精、气、神到位。

每次所点的点都是不一样的，如挥笔、入笔、运笔、起笔、收笔，每一点产生的效果不一样。所以练拳也是一样的，每一个动作的起势、运势、定势、收势意念不同，练出的效果不同。意有所念，劲有所得，身有所到，拳有所法。要找出一个最好的定势后再往下练第二个动作。先师说刚开始练书法，一横写到位后再往下写竖。

当你把一点、一横、一竖、一撇、一捺练好后，才能写好一个字。练拳也是一样，当每一个动作练好后，才能演练好一个完整的套路。所以单式训练也很重要。李师又说，一势一个桩，每一个动作都可以独立作为内家拳的桩功来练习，体现"拳是运动的桩，桩即不动的拳"这一真谛。

练拳架是为推手而打基础的，推手则是为检验拳架身法是否正确的一个过程。拳架和推手要紧密结合起来，最后获得健身防身、修心、养性的效益。

五、学好"功夫"的几大要素

古往今来，人们谈到武术就要讲到"功夫"。那么什么是功夫，一个人又如何得到真正的功夫呢？我认为：要得到真正的功夫，必须具备 4 个方面的条件。

❀ 明师真传

一种事物的发展，都不是孤立存在的，都有其自身特有的个性，要认识这个个性非一朝一夕的事情，需要经过许多人的实践和探索。能够对事物作出正确的认识、判断和总结的人才能算是"明师"。武术的一招一式虽然看似简单，但是其中内涵非常深奥。因此有武谚云："内行看门道，外行看热闹。"要能看懂门道，学到真正的知识，就必须有明师指点、有明师真传。特别是对于一个初习武术者，没有明师的指点，单从书本中或拳谱中死死地照搬硬套是得不到精髓的，明师身传口授，才能有收获。如太极拳懒扎衣一式，书中只能介绍身法、手法、眼法、步法等各式动作外形或某些要领。但其真实内涵，是用文字无法表达清楚的，况且每个人的素质以及思想领悟大不相同。再有每个人肌肉、骨骼、血液、身材、长短、粗状不同，认识也不同。

武氏太极拳第二代宗师李亦畬继承了武禹襄的衣钵，潜心研究武氏太极拳拳架和拳理，并将内家拳名家王宗岳、武氏太极拳开山祖师武禹襄及自己的拳论等汇编为《太极拳谱论》，被太极界奉为经典名著，为了给后人指明习拳的捷径，他在拳谱中写道："入门引路须口授，功用无息法自休。"

❀ 苦练

苦练是获得功夫的一个重要环节。师传是心知，而不是身知。对一个练功者来说，身知重于心知，要身知就必须从苦练中获得。在练拳时，不仅要熟练掌握好基本套路和功架，而且要从各单式中练出感觉。只有这样，才能在实战应用中得心应手，意到拳到，拳到力到，后发先至，以柔克刚，战无不胜。前人传下来的拳架都是在反复演绎中总结并固定下来的基本形式。仅仅掌握了这些形式还不够，还须经过长期反复练习，才能化为自己的"功夫"。太极拳大师李锦藩先生曾说："要想比别人获得的多，首先要比别人吃的苦多、流的汗多。功靠自练，艺靠师传。"事实正是这样，要想干出一番事业，从来没有一蹴而就、轻而易举的，必须要付出艰辛的努力才能获得。

❀ 恒心

常言道："铁杵磨成针，功到自然成。"一个正确认识的获得，往往需要经过由实践到认识，由认识到实践的多次反复，去研究、去考证。一代太极宗师李亦畬就是这样：当得到其母舅武禹襄真传后，苦练了 20 余年。并把练拳心得体会一一写在小纸条上，一张一张贴到墙壁上，然后反复地演练和体会，看总结的经验是否正确后再修改补充，再写再贴，就这样经过一生的探索，终于为后世留下了著名的太极拳著作——《太极拳谱论》，这就是持之以恒的结果。

❀ 揣摩

这是一个消化的过程。在练功中，要求我们每一个练功者要透过现象看本质。武氏太极拳大师李锦藩先生曾说："凡事都应努力去得真传，得传后必须坚持长期苦练，而后仔细体会，悉心揣摩之后，才能达到一定程度。"李亦畬之嫡孙李槐荫所著拳谱云："先祖初学太极拳于母舅武禹襄先生，既已尽得真传，复以毕生精力，苦志钻研，凡一举一动，无时无刻莫不在锻炼揣摩中，故克臻妙境。是先祖之所以能登峰造极者，实非偶然。"又云："精拳技而不文者不能，能文而不精拳技亦不能。"可见先辈大师之所以成为一派宗师根由之所在。 本人根据先贤所传而得一公式为："功夫 = 真传 + 苦练 + 恒心 + 揣摩，敬请同人悟之。"

第二章 如何学好武氏太极拳

武氏太极拳是古代达官贵人所创。

相对其他门派太极拳而言，具备独特的文雅气质，其拳法重内不重外、重劲不重招、重气势不重样式、重意而不重形；其内劲节节贯穿，气由内换，劲由内变。

武氏太极拳中包括一路中捋架、二路炮捶、三路小架，目前市面流传的武氏太极拳大多为一路中捋架，其他两个套路一直作为门内拳，仅在门内流传，现公诸于世，与广大太极拳爱好者共同探讨、研究。

一、武氏太极拳的技术特点

太极拳是一项整体运动，要求"一动无有不动，一静无有不静"。意欲通过整体运动，达到能够整体矢力之目的。武氏太极拳的创始人武禹襄先生在创拳之时就已经考虑到这一点，所以武氏太极拳无论是在外形，还是在内意上都与其他门派太极拳有着一定的差异，武氏太极拳具有自己独特的魅力。

❧ 外形

手法：五指自然伸直，掌心内凹，竖腕坐掌，俗称"五花掌"。松肩沉肘，手掌与小臂以及肘关节应保持135°，左右定型后不可随意屈伸变化角度。此手法较易练出节节贯穿之内劲，并有较大的承受力。

眼法：眼神是心灵的窗口，保持精神贯注正前方，一般目视前手指正方向为主。眼前无人似有人，眼前有人似无人的感觉。练功时随时保持对方向我进攻及自身变化虚实之意念。

身法：中正安舒，下额后收，颈椎自然竖直，命门后撑脊柱自然竖直即为提顶吊裆；百会穴与会阴穴垂直于地，一般上身胸腹部中心线与前脚尖方向一致，身体调正，不可前俯后仰、左歪右斜。两手臂护住两肋，左手护左半身，右手护右半身即为护肫；手掌指尖高不过眉远不过脚。两肩关节拉开微向前内扣，肘关节向下沉坠，后背拔圆成为前松后紧，也称阳紧阴松即为含胸拔背。虚灵顶劲即为下颌回收，百会穴上顶。臀部下坐膝盖微内扣即为裹裆。命门后撑，脊椎上下对拉竖直为上轻下重、上灵下稳形成竖脊坐胯之整体。

步法：两脚两腿虚实分明，每向前迈步皆为脚跟先着地，脚尖跷起。随后脚蹬地重心慢慢前移使前脚踏实后呈丁八步，两脚的沿线夹角为60°左右。每式以实腿变化重心，以脚跟拧地、脚尖跷起，内扣外摆灵活。虚腿脚尖点地调整方向，在跟步与退步后两脚之间一定要保持一脚之距。始终要有一条腿保持重心平衡。

整个套路中包含有进步、退步、虚步、实步、蹬步、弓步、践步、垫步、扑步、盖步、交叉步等。起步轻灵，落步沉稳。

内意

　　武氏太极拳是文人所创，文人所练。文人所传的文化拳其重内不重外、重劲不重招、重气势不重样式、重意不重形。练习者必须通过严格规范的外形套路动作招式练出内在的意念，内含的劲路节节贯穿，气由内换，劲由内变，一开俱开、骨缝皆开，一合俱合、骨缝都合全。是内在之意，完整一气、周身一家，脚手相随。武氏太极拳称：站桩是定步的拳，练拳是活步的桩。可见内在含义、意念非常重要。

　　练习武氏太极拳一路中捋架就是为了练习内、外三合完整一气。外三合即为手与脚合，肘与膝合，肩与胯合；内三合即为心与意合，意与气合，气与劲合；最后达到周身一家手脚相随，虚实开合，刚柔相济，随屈就伸，健身养生、防身技击、修心养性为一体。

◎孙建国于深圳宝芝林前演练太极拳

二、武氏太极拳一路中捋架

武氏太极拳属太极拳系中的中小架式为有中庸捋顺之拳架，又称中捋架。一路中捋架创于1857年，是武氏太极拳对外推广最普及的套路，它具有以下显著特点。

❧ 拳架小巧紧凑

武氏太极拳的创始人出自书香门第，清朝时期达官贵人身穿长袍大褂，不迈大步，不下大势，特别注重内在修养，所以在练功时架子较高，拳式小巧紧凑舒缓。武氏太极拳的文武兼备，拳法发力快如闪电，用劲动如雷霆，步伐变化多端，身法有刚有柔。

❧ 重内不重外

因为武氏太极拳是文人所创、文人所传、文人所练，所以特别注重内在修养，尤其是永年广府武氏家传太极拳要求虚实开合都在体内求，外形的招式不要过于表现。掤、捋、挤、按四法融于筋骨之内，以意领气，意到气到，气到身到，身到劲到。要求在行功走架中必须"腹内松静气腾然，周身轻灵顶头悬"，气势宏大，逐步做到"泰山崩于前而色不衰，麋鹿兴于左而目不瞬"。

所以，老前辈经常说练拳先练心，并著作五字诀，一曰：心静；二曰：身灵；三曰：气敛；四曰：劲整；五曰：神聚，这也就是"意气君来骨肉臣"之用意。此外，还要求骨肉分离，节节贯穿，舍去后天肌肉之拙力，开发先天整体之灵劲，等等。这些都说明了武氏太极拳前辈重视内涵修养。

◎武氏太极拳单鞭

步法灵活多变

步法在练习拳架中占有很大的比重。武氏太极拳的步法灵活多变，实用性较强。它除了包括普及太极拳式中常用的弓步、马步、丁步、虚步、扑步五种步型和退、进、横跨三种步法外，尚有叉步、后虚步、下势步、横裆步、三七步等步型，与扣步、摆步、碾步、践步、跨步、引进落空步等步法，以及蹬脚、起脚、踢脚、十字摆莲脚、二起脚等脚法。

上述种种步法皆以丁八步为主，两脚前后沿线为 60° 左右，每一迈步动作都是以脚跟先着地、脚尖跷起，而后脚跟蹬地推动身体重心前移，随后前脚掌慢慢踏平。进步必跟，退步必随，后腿进步、退步都要以虚腿的脚尖点地。

虚实变化在脚跟，每一转必以实腿脚跟为轴，虚实变化。两脚间的距离在进步与退步定势之后，应保持有一脚的距离，步法必须虚实分明。后脚定式后是推动身体发力的主根，不可随意挪动，更不可离地。前脚是调节人体运动的方向和角度。身体调整端正，两脚在定步后不可在一条直线上，始终保持自身重心平稳，支撑八面之状态。

注重理论

武氏太极拳的理论为太极拳发展作出了卓越的贡献。例如，武禹襄著有"敷、盖、对、吞"四字秘诀等。李亦畲著有"擎、引、松、放"撒放秘诀等。李逊之著有《初学太极拳练法述要》与《不丢不顶浅释》等。李锦藩集毕生精力著有《诲艺精言》上下两册、《旧谱再缮》与《掘遗缀初》等拳谱，并教导后辈："学习武氏太极拳要把它当成一种传统文化来学习，读书志在圣贤，学拳志在苦练。要用心揣摩，即学即证，善写练功笔记总结成文，为后学者留下宝贵的经验财富。"

行功走架随曲就伸

我们在行功走架中每一举手投足，都应做到目有所视，意有所念，身有所行，劲有所达，一静无有不静，一动无有不动之境界。上下四肢周身一家，手脚相随，随屈就伸。首先要安排好自身骨骼、肌肉、气血、意念上下相随，内外相合，同时应有眼前无人似有人，眼前有人似无人之意念，专注对方随时可能向我方发起的进攻。我方则随时准备应战对方，化解其进攻，并且要认识到化即是打，打即是化，化打不可分割。

　　随屈就伸就是随着对方而曲，应着对方而伸。用着自身的曲，就着自身的伸而攻防。敌强我让，化解其力避而进之；敌弱我强，勇往直前曲中求直而攻之，使其不得力而被动，我方则抢占优势地位，但身法中正应始终贯穿整个拳架套路之中。

　　随屈就伸与舍己从人是相辅相成的。舍己从人并非完全把自己一切都舍去服从于对方，而是暂时的局部的随从于对方去变化，去摸清对方虚实状况，攻防主动权仍在我方，可更好地利用我方的优势来战胜对方之劣势。例如，在太极推手训练过程中，以两手臂的随屈就伸来听从对方的掤、捋、挤、按，从而了解对方屈伸变化程度，摸清其力度的大小、方向及速度，我方绕内圈走小圈顺从对方进而掌握重心战胜对方。但我方的主干腰脊一定要正直，丹田气一定要充实饱满，内气内劲的阴阳变化由我方来调动。

　　随屈就伸与舍己从人的内在要求是整体节节贯穿、上下一体，同时注重培养和充实自身的丹田气。古人言："善养吾浩然之正气，外可御强敌，内可固精神也。"随屈就伸，人刚我柔谓之走；舍己从人，我顺人背谓之黏。动急则急应，动缓则缓随。暂时的随从，长时的主动。局部的舍己，整体的从己。舍小得大，有舍才有得。

　　在随屈就伸时要注意"松"、"沉"。松，并非懈而不用力；沉，好似整麻袋的铁砂子，或滚来滚去的不倒翁，上身变化，重心稳重；骨节放松，节节贯穿；肌肉放松，筋骨粘连。松，是为了更好地紧；紧，也是为了更好地松。武氏太极拳初学者应严守身法，内外三合贯穿于每一式中。同时，要做到"松"中求"紧"，"紧"中含"松"，"松"、"紧"为一，最终要体现出"灵"、"整"、"敛"、"气"，无可分别。

三、武氏太极拳二路炮捶

武禹襄祖师早年随其父武烈练习长拳、洪拳，已有深厚的功底。到河南温县赵堡后得有王宗岳《太极拳谱》、《太极拳概要图》等，归里后与二甥李亦畬、李启轩研创多年，于1859年另创有二路太极炮捶和三路太极小架。

二路炮捶是在一路中捋架及桩功的基础上进一步发展应用的套路。它的主要作用是实战技击，其特点：快慢相间，蹦跳蹿跃，拳打脚踢，爆发点穴，招法连贯，劲法紧凑，意到、劲到、身到发力猛脆、连环并用。

为使练习者更快速明白运用虚实开合、动静结合的原理与对方实战的方法展示，此套路刚多柔少为之拳"子"。所以前辈说："一定应有几年的中捋架的基础后再可练习二路炮捶。"因过去封建社会思想意识比较保守，武、李两家皆为官宦富豪、文人之家，有些家传内容不愿意让外姓人知道，害怕有人惹是生非故而外传者很少。

直到武氏太极拳第四代嫡系传人李锦藩恩师在19世纪80年代中期才传于永年广府西街近邻的个别入室弟子。

二路炮捶中的动作名称及应用与一路中捋架也有所不同，如固心炮、前蹚拗步、回头披身、腰揽肘、大红拳、左右裹边肘、兽头势、演手全炮捶、大掉炮、裹果炮、翻身固身炮等，都是一路中捋架中没有的。这些动作名称皆为击打对方的要害穴位而设定，如膻中穴、华盖穴、鸠尾穴、风府穴、哑门穴、章门穴、期门穴、乳根穴、廉泉穴、耳门穴、睛明穴等。所以，练习二路炮捶后，非特殊情况，万勿轻用。

©二路炮捶代表性动作——翻身指裆

四、武氏太极拳三路小架

武氏太极拳三路小架亦称"李家三路小架"，是在武氏太极拳一路中挊架及二路炮捶的基础上创编的，是由永年广府西街武氏太极拳第二代宗师李亦畬，于同治壬戌年(1862年)在母舅武禹襄所传拳架基础上经多年苦练研创的第三套高层次功夫架。古人云："拳打卧牛之地"一两米见方即可练习此套路。过去达官富文之人墨客在书房桌前读书写字疲劳，调换身心，高级捷径方法，当今适合白领阶层在办公桌前可以练习的拳架。

小架是锻炼开合劲、虚实劲、松柔劲，同时修心养性的一种徒手套路。而三路小架一直在武氏太极拳第四代嫡系传人李锦藩所著四本家传秘谱中保存，多年来从未披露于世，更少传于外姓人。直到20世纪80年代末才传于永年个别入室弟子。为继承和发扬传统武氏太极拳系列完整套路，使恩师家传系列套路真谛免于失传，本人首破家传门规，特将三路小架披露于世，望太极同人参阅，共研揣摩其奥妙真谛。

🕉 小架特点

不迈大步，不下大势，"拳打卧牛之地"。步法，手法与动作特别小巧紧凑，外形动作变换微小，全是意念气感统率体内经络肌肉骨节虚实运转，古人身穿长袍大褂、长袖不露手指，只见微微默动，似乎看不到有大的动作招式变化故而称之为小挊架。

一般在一路中挊架和二路炮捶的基础上来学习三路小架，感悟其套路要领注重锻炼柔化劲，爆发劲在整体内变化与气势意念的转换，不重外形的招式。重在腰胯的虚实磨错、左右旋转，丹田内气鼓荡，开合蓄发。特别注重双脚的距离和角度，一般要求两脚之间只有一脚的距离，两脚的沿线步法呈丁八步，即前后两脚沿线夹角45°~60°为最佳角度，最具有稳定性。

注重身法中正，节节贯串，骨节涌动，周身一家，手脚相随。每一势贯穿掤、挊、挤、按、采、挒、肘、靠、进退顾盼、中定等，总归于

◎三路小架代表性动作——虎水揽肘

虚实开合。行功过程必须心有所思，意有所使，有所触体，有所目动，有所视手之感；或械有所向，力有所达，拳械一理之念。每一动要考虑一招一式，应如何动则既合拳理又合本式之用意，则依意发令，肢体则依令而动，力随令而达目之，随令而视意目力，三者凝聚于生效点。

❸ 《秘谱》歌诀

歌诀一：小架如心经，藏于大架中；不练大架艺难成，不学小架心不明。

歌诀二：小架不小，大架不大；去粗留精，奥秘成形。

歌诀三：意念深长，气势滔滔；疾如闪电，忌似木雕。

歌诀四：架无定架，步无定步；物我不分，有如云雾。

歌诀五：无柔无刚，无走无黏；有如雷霆，有如闪电。

以上五则歌诀，是李锦藩恩师集前辈秘谱经几十年血汗研练所著，是智慧的结晶，手抄原稿内容另有更详细解释。

先辈曰：行功练拳要参照这些歌诀去练，歌诀是大纲，来源于拳论，在练功中要细心体认，务求得到与拳理融会贯通，作为练功的指南。

三路小架练习在于知太极阴阳、明虚实开合，做到心知身随、心身合一，锻炼柔化劲，蓄发劲为之"拳女可结婚生子"。渐臻至柔至刚、刚柔浑然一体；脚不离脚，脚与踵接，手与膝连，高不过眼，低不过乳，远近不离膝脚。这是练习三路小架的基本法则。

五、武氏家传太极拳推手简介

太极拳推手是检验太极拳套路及身法是否正确的一个重要过程，是双方知己功夫和知彼功夫的一种练习手段。

通过一段时间或几年的太极拳套路的演练后，一定要经过太极推手的方法来验证是否合乎太极拳内外三合要领、太极拳套路，让练习者逐步做到含胸拔背、裹裆护肫、提顶吊裆、松肩沉肘等身法的过程，而太极推手是检验拳架身法要领的阶段，并运用掤、捋、挤、按、采、挒、肘、靠八法验证效果。

是否合乎不丢不顶随屈就伸，是否合乎人刚我柔谓之走，我顺人背谓之黏，动急则急应动，缓则缓随的法则，在找到我顺人背的时机下能否将人制背并发出。武氏太极拳第四代嫡系传人李锦藩恩师在世时常讲："太极拳推手是听劲、摸劲、化劲、懂劲、发劲的检验过程，推手好似在练拳，练拳好像在推手，推手与练拳是不可分割的。逐步做到练拳时眼前无人似有人，推手时眼前有人似无人之境界。"

武氏家传太极拳中的推手有定步单推手和双推手、三步半活步推手等。

◎孙建国与弟子魏本发演练推手

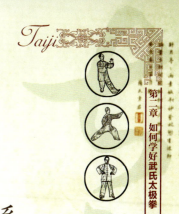

六、武氏太极拳套路与"六字诀"的关系

"六字诀"也称六字气诀，是我国古代仙家秘传的一种吐纳养生大法，已有上千年的历史。因其简单实用的功效而备受儒、释、道、医、武各家的推崇和应用。作为中国传统武术的太极拳，不仅是看家护院、防身自卫的功夫，也是修身养性、延年益寿的拳术。各门各派历代的太极拳大家无不重视对气的锻炼和对呼吸法的研究。在太极拳先师遗留下来的《拳谱》、《拳论》或当今太极拳名家及练习者所发表的传统太极拳理论研究文章中，有很多涉及太极拳练气和呼吸之法。

❸ "六字气诀"的介绍

武氏太极宗师李亦畬所写的"撒放秘诀"条目中就有"呵心、嘻肝、呼脾、呬肺、吹肾、嘘胆"六字诀功法内容。在唐豪、顾留馨所著的《太极拳研究》一书中还有陈发科练拳时呼吸发声的"呵、呬、嘘、吹"4个音的记载。可以看出，在一百多年前，太极拳前辈们就已经把"六字诀"功法应用到太极拳练习之中。

所谓"六字气诀"，《养性延命录·吸气疗病篇》中记载："纳气有一，吐气有六。纳气一者，谓吸气也；吐气六者，谓吹、呼、唏、呵、嘘、呬皆出气也……委曲治病。"练习太极拳套路时以六字吐气诀配合拳势动作，以拳势动作为导引，在呼吸吐纳的同时，通过特定的读音口型来调整与控制体内气息的升降出入，分别形成与人体肝、心、脾、肺、肾、胆相对应的"嘘、呵、呼、吹、呬、嘻"6种特定的吐气发声方法，从而达到练养相兼、内外兼修，内调脏腑，外健筋骨的最佳养生健身之目的。

◎孙建国在庭院走桩练习太极拳

鉴于老前辈所流传下来的拳谱对"六字诀"功法在太极拳套路练习中的应用未有更详细的介绍。笔者根据所学和个人理解对太极拳的套路练习和六字诀的结合应用作一探讨性介绍，不确之处敬请太极同仁指正。

"嘘"字吐气法："嘘"字音 xū，属牙音，五行属木，对应脏腑为肝。发音吐气时，嘴角后引，槽牙上下平对，中留缝隙，槽牙于舌边有空隙。发声吐气时，气从槽牙间、舌两边的空隙呼出体外。

练拳时配合拳势动作，呼气发"嘘"字音具有泄出肝之浊气、调理肝腑之功能。同时配合两目睁圆，还可起到疏肝明目的功效。

"呵"字吐气法："呵"字音 hē，为舌音，五行属火，对应脏腑为心。发声吐气时，舌上拱，舌边轻贴上本槽牙，气从舌与上腭之间缓缓呼出体外。

练拳时配合拳势动作，呼气发"呵"音有泄出心之浊气、调理心脏之功能。

"呼"字吐气法："呼"字音 hū，为喉音，五行属土，对应脏腑为脾脏。发声吐气时，舌两侧上卷，口唇撮圆，气从喉出后，在口腔中形成一股中间气流，经撮圆的口唇呼出体外。

练拳时配合拳势动作，呼气发"呼"音具有泄出脾谓之浊气，调理脾胃之功能。

"呬"字吐气法："呬"字音 xì，为齿音，五行属金，对应脏腑为肺。发声吐气时，上下门牙对齐，留有狭缝，舌尖轻抵下齿，气从齿间呼出体外。

练拳时配合拳势动作，呼气发"呬"音具有泄出肺之浊气、调理肺脏之功能。

"吹"字吐气法："吹"字音 chuī，为唇音，五行属水。对应脏腑为肾。发声吐气时，舌体嘴角后引，槽牙相对，两唇向两侧拉开收紧，气从喉出后，从舌两边绕于舌下，经唇间缓缓呼出体外。

练拳时配合拳势动作，呼气发"吹"字音具有泄出肾之浊气、调理肾脏之功能。

"嘻（唏）"字吐气法："嘻"字音 xī，为牙音，五行属木，对应脏腑为少阳三焦（胆）。发声吐气时，舌尖轻抵下齿，嘴角略后引并上翘，槽牙上下轻轻咬合，呼气时使气从槽牙的空隙中经过呼出体外。

练拳时配合拳势动作，呼气发"嘻"字音具有疏通少阳经脉、调和全身气机之功能。

❸ "六字气诀"呼吸的方法

呼吸方法采用太极拳最常用的逆腹式呼吸法。其方法是：鼻吸口呼，鼻吸气要气贴脊背，胸腔慢慢扩张，而腹部随之微微内收，呼气时则与此相反。呼气时一定要注意微微用意，做到吐唯细细，

纳唯绵绵，有意无意，绵绵若存，不能用力，绝不故意用力使腹部鼓胀或收缩。

❧ "六字气诀"适用的太极拳套路

六字气诀属内调功法，适合和动作舒缓、圆和自然的拳术套路相配合，可与武氏太极拳的一路中捋架及三路小架套路配合练习。最好在明师指导下练习，因不同层次功夫有不同练法，因人而异。

❧ "六字气诀"的选用原则

一个套路练一遍最好只选一个字诀相配合。

选用哪个字诀，要看练功者想要达到的功能目的而定。如练功者以养生为目的，可根据"天人相应，顺应自然"和"春夏养阳，秋冬养阴"的传统养生理论及六字气诀与脏腑的对应关系选用字诀。即：春季（每年的公历 2 月 4 日前后至 5 月 5 日前后）重养肝，此时练拳应以"嘘"字诀配之；夏季（每年公历 5 月 5 日前后至 8 月 7 日前后）重养心，此时练拳应以"呵"字诀配之；秋季（每年的公历 8 月 7 日前后至 11 月 7 日前后）重养肺，此时练拳应以"呬"字诀配之；冬季（每年公历 11 月 7 日前后至来年的 2 月 4 日前后）重养肾，此时练拳应以"吹"字诀配之。

若练功者以治病为目的，练拳时可按以下原则选用相应字诀：心脏不舒者可选用"呵"字诀；肺脏不舒者可选用"呬"字诀；脾脏不舒者可选用"呼"字诀；肝脏不舒者可选用"嘘"字决；肾脏不舒者可选用"吹"字诀；三焦（胆）不舒者可选用"嘻（唏）"字诀。

另外，健康之人按照中医"心为君，心健则身康"之学说，增长功夫可选用"哼、呵"二气以健心养肺增功力为目的。

七、武氏太极拳套路与懒扎衣桩的关系

武氏太极拳有3种徒手拳架套路，即为一路中抒架、二路炮捶、三路小架，分别始创于咸丰丁巳年（1857年）、咸丰戊午年（1859年）、同治壬戌年（1862年），皆为永年武禹襄与其二甥李亦畬、李启轩共同研创。之后便又有刀、枪、剑、杆、推手等10多种套路之传承到当今，各有其功能所应用。现将武氏太极拳第四代嫡系传人李锦藩恩师所传三种徒手套路功法与懒扎衣桩功的关系解析如下：

一路中抒架为中庸抒顺之拳架其特点：中正安舒，短小紧凑，平缓稳固，虚实分明，气势饱满，是含而不露的文人雅致之拳架。此套路是为练好内外三合，以后练习其他套路奠定扎实的基础而备用的。

通过练习此套路一两年后将身体练就手与脚合，肘与膝合，肩与胯合之外三合；心与意合，意与气合，气与劲合之内三合。武氏太极拳虽重意不重形，重气势不重样式，重劲法不重招法，但是在初级阶段必须要严格遵从身法要领去练，每一招、每一式就像写正楷书法一样，一笔一画从起笔到落笔、到运笔、到收笔，全身心精气神贯注于笔锋有入木三分之意。走拳架一步一个脚印，起步轻灵，落步慢稳实。

前辈拳言："脚抓地如树生根有入地三尺之意，练完功后有朵朵梅花在脚下，脚下分阴阳，太极虚实在脚下之说。"每一式都应具备身法八要，即提顶吊裆、含胸拔背、松肩沉肘、裹裆护肫。随时体会自身各个关节肌肉的角度方向是否顺随（腿关节、臂关节约135°为最佳角度），肌肉筋骨是否贯穿，身法上下是否相随。浅析如下：

1. 头之为首，下颌回收并压住喉头（廉泉穴），眼神聚焦平视正前方是颈椎竖直的要点即为提顶。

2. 注重腰部命门后撑是身体上下衔接的关键所在，同时脊椎竖直的要点是小腹上翻即为吊裆。

3. 双肩尖微向前内扣，膻中穴微内凹即为含胸。

4. 体内五脏六腑顺垂气自然下沉丹田，背后身柱穴、脊中穴有自然后凸之意即为拔背。

5. 双肘尖关节下坠即为沉肘。沉肘也是拉开双肩关节的要领。

6. 肩髃穴塌陷有一小坑即为松肩。

7. 两膝盖微内扣，足五里穴内凹即为裹裆。

8. 左右两肘尖保护肋部的章门穴、日月穴即为护肫。

这些要领都是上下相对应的。练拳架时要求做到这些要领并非一朝一夕之事。而这些必须要通

过一招一式的拳架套路（如懒扎衣、单鞭、提手上势、白鹤亮翅等）动作的变化，千遍万遍的演练逐步才能做到的。故而有武禹襄祖师拳论曰："先由心知，后有身知，身知胜于心知……"

通过站桩（如无极桩、懒扎衣桩等）调心，调意，调气，调角度，调身形，调意志。每天在一定的时间站桩后再开始练套路更容易掌握其要领。重要的是站桩的肢体外形决定整体内在的因素。除身法八要之外，手脚的远近距离和角度更有非常严格的要求，甚至若有一厘米的误差体内就出不来最佳效果，拳论曰：所谓"差之毫厘，谬之千里"。

❸ 武氏太极拳的"拳宗"祖式"懒扎衣桩"

"懒扎衣桩"被视为"拳宗"的要点。

懒扎衣桩的要求是：左右腿虚实分明，步法为丁八步或不丁不八步，前后两脚的沿线角度为 45°~60°，后腿为实腿，大腿与小腿的弯曲度为 135° 左右，膝盖微内扣。前腿迈出步后似直非直、似曲非曲为虚腿，脚尖跷起，脚跟先着地。迈出步的远近距离根据自己身材长短而定。上身尾闾正中脊椎竖直，竖脊坐胯才能具备虚领顶劲之意。两手臂在胸前呈合抱斜圆，手臂的弯曲度在 135° 左右，双掌五指自然伸直，劳宫穴内凹，两手竖腕坐掌同为 135° 左右。左手位于左胸半部，距离左胸前约两大掌之距。右手位于右胸半部，距离右胸前约一大掌之距，双手左右互不逾越，即互不过中线。

◎懒扎衣桩

左懒扎衣左腿在前，左手指尖高与鼻尖相平，小指沿向外，意贯掌根小鱼际及腕骨穴，右手指尖高与左手掌根的大陵穴相平，双手掌上下互抱斜圆。鼻尖对手尖，手尖对脚尖，三尖对一线方向。两腋下保持各有一拳之距不可夹紧，眼神专注，平视前方手指的方向。可左右互换站桩，时间尽可能延长直到自身再不能坚持为宜。

通过正确的懒扎衣桩功练习逐步达到下盘稳固，下丹田充实，虚实开合分明，手脚上下相随的效果。体悟静中有动，动中有静。

站桩是定步的拳架，拳架是活步的桩功。桩功与拳架有机协调地结合起来，是练好太极拳功夫的重要阶段过程。"懒扎衣桩"是全体套路之"拳宗"即称"万法归宗"。

第三章 古拳谱的解密

太极拳是一种古老的拳术，经过一代又一代的武者传承，流传至今。

现在有这样的一种现象：江湖中流传着很多关于『武林绝学』的神奇故事，但很多『武林绝学』已经随着时间的流逝而消失。这样的现状大多是因为被门派的门规戒律束缚所致。

一个真正的武者，除了需要有精湛的技艺之外，还需要拥有侠骨仁心，敢于打破门规戒律，敢于真传。

现将祖师们传承下来的一些武氏太极拳古拳谱奉献给广大的太极拳爱好者，与天下智者一起研讨，盼武氏太极拳桃李芬芳，永久流传。

一、试解李亦畬宗师"打手撒放"秘诀

"打手撒放是打手发人时发出的吼声，吼声之出与人俱出。同时给对方精神上也是一种威胁，瞬间使自己精气神高度集中。"这是从李亦畬《五字诀初稿》中，"哈之即出，绝不用力"悟出。李亦畬击败表弟苗兰圃就是用的这个"哈"字诀。早年亦曾闻之于永年前辈先师，今约已失传。

撒放六字代表心、肝、脾、肺、肾、胆六个脏器。著名老中医张锡纯先生的著作《医学衷中参西录》中，有一段文字与此相同。其做法大意是上下嘴唇微微挨住，喉中发出微细的声音，自己有感觉即得，呼哪个字即对哪个脏器有健康作用。

武氏太极拳二路炮捶应用也有"哼、哈"二气发声。"哼"为鼻腔发音，气源于胸背脊后内腔，气向下行。"哈"为口腔发音，气源于下丹田，气向上行。作用于对方某一要害穴位要配合某动作招式要领才能起到应有的效果。

建议习、练、用太极拳呼吸法的3个阶段：

第一，前三年学习阶段为鼻腔自然呼吸法。因前三年是外三合即：手与脚合、肘与膝合、肩与胯合配合协调阶段。有些时候顾了上顾不了下，顾了外顾不了内，所以只好采用自然呼吸方法来学习。

第二，中三年练习阶段为腹部逆式呼吸法。中三年是外三合结合内三合，即心与意合、意与气合、气与力合阶段，逐步进行到鼻吸小腹缩小，口呼腹部膨胀细、慢、深、长下丹田逆式呼吸法使之下盘稳重的阶段。

第三，后三年运用阶段为"六字诀"呼吸法。当能做到丹田逆式呼吸法运用自如时才可配合适当时机运用。

"撒放秘诀"：擎起彼身借彼力，中有灵字；引到身前劲始蓄，中有敛字；松开我劲勿使屈，中有静字；放时腰脚认端的，中有整字。

擎、引、松、放四字有四不能：脚手不随者不能；身法散乱者不能；周身不一家者不能；精神不团聚者不能。欲臻此境，须避此病，不然虽终身由之，究莫得其妙。然非明师10年指示，学者10年揣摩，未易臻此。

◎孙建国在金殿前演练太极拳

二、太极拳的内经心法

太极拳者，法于阴阳，和于术数，阴阳互根，至刚至柔。太虚寥廓，肇基化元，阳动阴摄，法轮常转。至道在微，恍兮惚兮，有如是空，无形无象，推之大之，其原其要，本乎阴阳。阴阳者，自然之道也。仰之则弥高，俯之则弥深，视之似有形，探之则无物。如水之无常形，按之则柔，斫之则激，且愈斫愈激，而克天下之至坚。上者左行，下者右行，左右周天，余而复会，此乾坤之象也。阳根于阴，阴根于阳：无阳则阴无以生，无阴则阳无以化。是故孤阴不生，独阳不长；重阴必阳，重阳必阴。如环球之无端，虽变化万千，而唯其一理：阴阳相济，阳固而阴密。

阴在内，阳之守也；阳在外，阳之使也，阴在下，阳运化；阳在上，阴收藏。从阳而引阴，从阴而引阳；以左制右，以右制左；左重则左虚，右重则右杳，上下相随，进退若鹜；自然相应，以至无形。用阴则沉虚固静，用阳则轻捷猛厉。

先则用阳，后则用阴。攻必守，守必攻；守则不足，攻则有余。移形换位，左右旋转，双手互搏，无分阴阳，是谓乱环。行功走架，须去世离俗，自然松静。呼吸精气。独立守神。以意领气，虚实开合，圆活连贯；用气不用力，动则分，呼也，静则合。吸也，一呼一吸，均匀柔缓。在动中求静，在静中求动，使丹田之气鼓荡，布迭周身百骸，四肢末梢，勿忘勿助，自然而然。

由阶而渐进，则功夫日深，最忌浅尝辄止，一暴十寒。修炼不辍，则真气从之，内力渐生渐长，形与神俱，内外若一。由始悟而初觉渐入佳境，入佳境而大悟大觉，然后知其法而忘其形。外不劳形于事。内无思虑之患，恬淡虚无，积精全神，浑元一气，太极生焉。

虽百岁而形体不衰，精神不倦也。遇敌守中，舍己从人，引进落空。动急则急应，动缓则缓随，不丢不顶，能收能放，粘连沾随，随曲就伸。乘隙而趁势，懂动而借力，四两拨千斤。顺势曰走，一走即活，而无重滞之病。内格反空，逆从阴阳。我顺人背，人刚我柔，曲中求直，意在敌先。人不知我，而我独知人。内固精神，外示安逸，静如山岳，动如江河，眼观六路，耳听八方，蓄势而动，后发先至，一收即放，迅雷贯耳。胜在敌，不胜在我。察阴阳。审刚柔，避重而就轻。正所谓制人而不制于人是也。斯技虽为有法，而无法。法无定法，非法，法也，尽在得机得势。知彼知己，百战不殆。运用之妙，存乎一心！

三、武氏太极拳86式白话歌

提顶吊裆心中悬，松肩沉肘气丹田；
裹裆护肫须下势，含胸拔背落自然；

初势左右懒扎衣，双手推出拉单鞭；
提手上势望空看，白鹤亮翅飞上天；

搂膝拗步往前打，手挥琵琶躲旁边；
搂膝拗步分左右，搬拦捶儿打胸前；

六封四闭往前按，抽身抱虎去推山；
手挥琵琶懒扎衣，转身分掌拉单鞭；

提手上势迎面掌，肘底看捶打腰间；
倒撵猴儿重四势，手挥琵琶在右边；

白鹤亮翅到云端，搂膝拗步向左转；
收身琵琶在胸前，收步蹲身做按势；

青龙出水三涌背，单鞭云手又单鞭；
提手上势高探马，高探马来分左右；

右左起脚敌挑翻，转身一脚栽捶打；
翻身二起踢破天，披身伏虎分左右；

踢脚转身紧相连，蹬脚上步搬拦捶；
如封似闭前下按，转身抱虎琵琶势；

懒扎衣服斜单鞭，野马分鬃向前进；
定势转身再单鞭，玉女穿梭四角全；

手挥琵琶懒扎衣，单鞭云手再单鞭；

下势双掌回捋带，更鸡独立左右全；

倒撵猴儿斜角转，手挥琵琶又一番；
白鹤亮翅把身长，搂膝左手在下边；

挥手按势龙出水，三涌背后拉单鞭；
云手单鞭提手势，高探马儿对心掌；

十字摆莲指裆捶，懒扎衣服连单鞭；
下势七星跨虎势，转身去打双摆莲；

弯弓射虎双抱捶，手挥琵琶再收势；
歌兮歌兮八十六，拳势名称概括全；
调身调气又调心，遇到知己定传真。

永年太极拳大事记

　　河北永年是杨氏、武氏太极拳故乡，也是中国太极拳中兴发祥地之一，中国六大门派就有四大门派繁衍于此。武氏太极拳第四代正宗嫡系传人李锦藩（1920—1991）恩师，系李亦畬之侄曾孙，深得其家传，不仅继承了武氏太极拳家传系列18种套路，还掌握了武李氏太极拳大部分资料和手稿，并著作四部"拳谱"：《旧谱再缮》、《掘遗缀初》、《诲艺精言》上下册等；《永年太极拳大事记》1991年前是恩师在世前整理的手稿传于笔者，本人为免于失传公布于世（1991年后为本人继续整理的资料）。

　　为免于流失，经与广大太极同人商榷核实，已在2004年5期《武当》杂志刊出公布于世，得到太极同人的称赞。

明朝崇祯年	永年"太和堂"药店建立。
天聪甲戌（1634年）	"太和堂"药店由河南温县迁直隶广平府西街开设总号。太极拳秘密传入广府城。
嘉庆己未年（1799年）	杨露禅诞生于广府南关贫寒之家。
嘉庆辛酉年（1801年）	武澄清诞生于广府东街康富大户人家。
嘉庆癸亥年（1803年）	武汝清诞生。
嘉庆己巳年（1809年）	澄清、汝清均正式从父武烈练习洪拳。
嘉庆辛未年（1811年）	杨露禅从武烈（澄清之父）习洪拳。
嘉庆壬申年（1812年）	武河清(字禹襄)诞生于广府东街康富之家
嘉庆癸酉年（1813年）	杨露禅就食于豫省陈氏。
嘉庆戊寅年（1818年）	武河清与兄等一起正式从父习洪拳。
道光初年辛巳年（1821年）	武汝清与陈德瑚为同科进士。
道光壬午年（1822年）	武澄清、武河清与杨露禅较艺，露禅负。

道光乙酉年（1825年）	澄清、汝清、河清弟兄三人皆从"太和堂"陈三柜习太极拳。
道光丙戌年（1826年）	杨露禅赴豫从艺于陈长兴。
道光己丑年（1829年）	杨露禅返里探亲。
道光辛卯年（1831年）	32岁的杨露禅完婚，婚后返里探亲，又于本年复返豫。
道光壬辰年（1832年）	李亦畬诞生于广府城西街康富之家。
道光乙未年（1835年）	李启轩诞生。
道光丙申年（1836年）	杨露禅携妻返里。
道光丁酉年（1837年）	杨班侯诞生。
道光戊寅年（1838年）	杨露禅赴豫探师。
道光己亥年（1839年）	杨健侯诞生。
道光庚子年（1840年）	武汝清中进士。
道光辛丑年（1841年）	李亦畬、李启轩皆从母舅武禹襄习太极拳。
道光壬寅年（1842年）	杨露禅学艺返里。
道光癸卯年（1843年）	杨露禅公开授艺。
道光乙巳年（1845年）	武河清与杨露禅较艺，露禅胜。
道光己酉年（1849年）	郝为真诞生于广府小康之家。
咸丰元年辛亥年（1851年）	李亦畬次女诞生，后迁磁州（今磁县）亮塔。
咸丰壬子年（1852年）	武河清与杨露禅较艺，河清负。是年赴豫从师陈清平，为师救难，师赠王宗岳《太极拳谱》。
咸丰癸丑年（1853年）	李亦畬始从母舅武河清学习太极拳。
咸丰甲寅年（1854年）	武河清与二甥李亦畬、李启轩苦研陈清平所授《太极拳谱》、《拳论》，并著《拳论解》。是年，杨露禅由武汝清介绍，到端王府教授太极拳。
咸丰丙辰年（1856年）	武河清与杨露禅较艺，河清胜。
咸丰丁巳年（1857年）	武河清与二甥研创中捋架。
咸丰戊午年（1858年）	李亦畬写练功笔记。
咸丰己未年（1859年）	武河清与二甥研创二路炮捶，武河清创十三刀、十三剑。

咸丰庚申年（1860年）	李亦畬、李启轩招孔家昆仲"顾民草堂"验艺，孔家拜于门下。孙禄堂诞生。
咸丰辛酉年（1861年）	李启轩创二路对杆。
同治壬戌年（1862年）	李亦畬创小架，刀剑配套，并确定四势刀法，将练功笔记整理成文。是年，中举人。
同治癸亥年（1863年）	杨少侯诞生。
同治甲子年（1864年）	武汝清推荐杨露禅、杨班侯到端王府授艺。
同治乙丑年（1865年）	杨班侯将贴身靠把武氏架中懒扎衣剔除，随有端王府架，打名拳师刘梦蛟，天安门献炮捶。
同治丁卯年（1867年）	李亦畬审阅《拳谱》，为初订稿，拳界争相抄写。郝为真登门学拳。
同治戊辰年（1868年）	李启轩为杨班侯抄《拳谱》寄北京。复写《拳谱》为第二稿。
同治庚午年（1870年）	李亦畬得《弹弓谱》，依谱练习，并于李氏花园验射，有弦响雀落之妙法。葛福来要求试艺，李亦畬命郝和与之试，郝和身手未动，屡试屡胜，乃跪拜于门下。
同治壬申年（1872年）	杨露禅卒。葛顺成拜李启轩为师，拜郝和，焚香正式执弟子之礼。
同治癸酉年（1873年）	李亦畬护送胞弟李兆纶赴四川，于宜宾惠宾客店与店主刘世斌谈艺结友。刘引荐其妻张氏、女瑛娥相见，作同堂饮，使其女瑛娥舞剑，妻表演轻功，以佐酒兴。李石泉诞生。
光绪乙亥年（1875年）	刘世斌携女瑛娥拜访李亦畬，命其女与李亦畬次女结为姊妹，并留广府学艺，刘世斌返回四川。
光绪丙子年（1876年）	李亦畬于李氏花园两剑胜峨眉道人了然子。
光绪丁丑年（1877年）	郝月如诞生。
光绪己卯年（1879年）	四川刘世斌二次来永年拜访，并赠李亦畬一把宝剑，接女瑛娥回四川。
光绪庚辰年（1880年）	武河清卒。
光绪辛巳年（1881年）	李亦畬抄写《太极拳论》三份。自留一本，给友人郝和一本，给胞弟李启轩一本，世称经典"老三本"。

光绪壬午年（1882年）	李逊之诞生，刘瑛娥二次来永年，刘世斌赠李亦畲金背刀为贺礼。
光绪癸未年（1883年）	武澄清写《拳论》，解"王宗岳拳论"。杨澄甫诞生。
光绪甲申年（1884年）	武澄清卒。瑛娥回四川，赠亦畲一弹弓、一宝剑、一金珠等，数件首饰。
光绪乙酉年（1885年）	李亦畲带郝和山东观艺，郝和试力，李石泉正式学拳。
光绪丙戌年（1886年）	了然子二次携徒来永年访，于李氏花园愿氓草堂谈剑，传授四式剑法。
光绪丁亥年（1887年）	渺胜禅师暗试亦畲武艺，禅师负，以年老未能，遗憾而去。
光绪戊子年（1888年）	李逊之正式从父学拳。
光绪己丑年（1889年）	李宝玉诞生。
光绪庚寅年（1890年）	武汝清卒。
光绪壬辰年（1892年）	李亦畲在自家榻前授艺于二子。并嘱胞弟启轩继传石泉、逊之。是年，亦畲卒。杨班侯同年卒。
光绪癸巳年（1893年）	二子誓力遵父嘱，精研拳技，受叔父启轩嘉许，石泉以器械精，逊之以拳技精。
光绪丁酉年（1897年）	李启轩再试二侄，石泉以器械精，逊之以拳技精。
光绪己亥年（1899年）	李启轩卒。
光绪壬寅年（1902年）	郝砚耕诞生。
光绪癸卯年（1903年）	李槐荫诞生。
光绪丁未年（1907年）	郝少如诞生。
宣统辛亥年（1911年）	李化南诞生（石泉次子）。
民国壬子年（1912年）	郝为真到北京武术学社任教授。
民国癸丑年（1913年）	傅宗元诞生。
民国甲寅年（1914年）	郝为真赴京，孙禄堂从艺。是年，袁世凯请广府西何营村杨班侯之徒陈秀峰到安阳教太极拳。
民国丙辰年（1916年）	李子固、李化南正式学拳。
民国丁巳年（1917年）	杨健侯卒。姚继祖诞生。
民国年己未年（1919年）	翟文章诞生。

民国庚申年（1920年）	郝为真卒。李宝玉带董英杰赴南京打擂。李锦藩诞生。
民国甲子年（1924年）	李化南参加党组织。
民国乙丑年（1925年）	许之州县长倡议，成立"永年县国术馆"。第一任馆长芦海帆，第二任馆长郝月如，第三任馆长韩钦贤，李福荫、李集峰、张安国、陈秀峰任教师，学员最多80余人。
民国丙寅年（1926年）	6月，姚继祖在永年第一完小从师郝月如习郝氏太极拳架。
民国戊辰年（1928年）	孙福全任江苏国术馆教务主任，"永年国术馆"成立，韩钦贤（郝为真弟子）任馆长兼教练。姚继祖参加"国术馆"，学习郝、杨两家太极推手。
民国己巳年（1929年）	李亦畬一自藏本曾于十三中学油印。中国举办第一次全国武术擂台赛，杨澄甫任评判委员。孙禄堂任头名副委员长，吴鉴泉任评判委员。李锦藩第一次从祖父李逊之习拳。
民国庚午年（1930年）	李锦藩正式从祖父石泉习拳。杨少侯卒。
民国壬申年（1932年）	李子实送师兄韩钦贤一手抄本《太极拳谱》。
民国癸酉年（1933年）	孙禄堂卒。《廉让堂太极拳谱》由李福荫编排在"十三中学"刻油印本。
民国甲戌年（1934年）	在山西太原印《李氏太极拳谱》，郝为真诸弟子为郝和立碑，郝砚耕返永年，在永年中学任国术教师。杨澄甫在上海正式出版《太极拳体用全书》铅印本。
民国乙亥年（1935年）	郝月如卒。李槐荫在太原正式发行《李氏太极拳谱》铅印本。
民国丙子年（1936年）	杨澄甫卒。《廉让堂太极拳谱》由李福荫编排"石印本"出版。
民国丁丑年（1937年）	李化南参加抗日工作。李锦藩正式从十一祖父李逊之习拳。
民国庚辰年（1940年）	李逊之收徒魏佩林、赵蕴园、刘梦笔、姚继祖并合影纪念。
民国壬午年（1942年）	李石泉卒。
民国甲申年（1944年）	李逊之卒（62岁）。"永年太极拳社"于上海成立，社长傅钟文，学员120余名。
民国丁亥年（1947年）	郝砚耕卒。
民国戊子年（1948年）	李化南阵亡(37岁)。

1951年	永年县文化馆组成"太极拳学校"，邀请郝同文为教师，学员70余名。永年县职工俱乐部发起组成"太极拳训练班"，教师魏佩林，学员40余名。
1956年	李槐荫卒。
1959年	河北省武术会在束鹿召开，永年县代表队由魏佩林、姚继祖领队，5人参加。
1964年	永年县委书记杨跃贤倡议"永年太极拳"大普及，并成立"太极拳小组"，范保林为教练。次年，姚继祖订正顾留馨所著《太极拳研究》一书，从李泽堂（李逊之）之子家中借取拳谱，指出四字诀的错误推理之说。
1971年	郝少如整理郝月如遗稿，出版《武氏太极拳》一书。
1973年	秋，邯郸地区武术运动会在涉县召开，永年县代表队领队张新成，教练傅宗元，队员胡凤鸣、韩兴民、乔振兴、张志清、张玉龙。
1981年	姚继祖在邯郸市第一招待所接待"全日本太极拳协会"代表团。三浦英夫率队，团员19人，姚表演了武氏太极拳并录了像。6月，乔松茂在邯郸从艺于李锦藩。
1983年	郝少如卒。
1984年	邯郸地区老干部运动会在邯郸召开，永年县老干部李锦藩获太极拳表演比赛"一等奖"。姚继祖参加"武汉国际太极拳剑表演观摩会"，并应国家体委之邀在武汉讲学，有日、美、法、英等国家太极拳团体参加听讲。6月1日，傅宗元卒。
1985年	5月10日，中国河北体育服务公司邯郸分公司以"北国枭雄姚继祖"为题介绍报道其事迹。
1986年	河北省开展"武术遗产挖整"工作，李锦藩献出古拳谱《弹弓谱》，获"先进工作者"称号。
1988年	翟文章卒。乔松茂走访陈家沟、赵堡镇、武当山，得太极拳源于武当之结论。
1989年	香港、台湾太极拳访华团到广府古城访问，观摩太极拳演练。
1991年	河北省政协主席李文珊来广府镇考察太极拳工作。邀请孙建国在武氏故居表演。永年广府太极拳协会成立。8月2日，李锦藩卒。10月25日，首届"河北永年国际太极拳联谊会"在广府镇隆重召开，孙建国任千人太极拳教练。
1992年	10月24日、国家武协社会武术活动部部长郝怀术、省武协副主席刘万春、秘书长彦小燕、河南省体委社会活动部部长林素朴，县体委主任李辰增，来永年广府验收评定

"全国武术先进县"、"太极之乡"等工作。11月，中国广播电视出版社出版了翟盒录、燕振科主编的《太极名家谈真谛》一书。

1993年　3月19日，广府镇政府成立"武氏太极拳研究会"、"杨氏太极拳研究会"。同时，评定永年太极十二新秀，武派六名王运生、孙建国、翟维传、金竟成、钟振山、胡凤鸣；杨派六名：扬振河、刘永平、韩兴民、范宝林、要保安、路军强。永年国际太极拳组委会办公室出版《从古城走向世界——永年太极拳史料集成》。3月《杨澄甫式太极拳》出版。作者：杨振基、严翰秀。此书一出，正误即清，真伪毕现，在全国乃至世界上产生极大影响，被视为练习杨氏太极拳的经典范本。5月5—8日，第二届中国永年国际太极拳联谊会在永年广府古城召开。中外来宾达千人，外宾来自21国家和地区。陈、杨、武、吴、孙、赵堡各大流派太极拳名家参加，孙建国率队参加太极推手比赛得两银牌、两铜牌和黑陶杯纪念奖。

1994年　国际太极拳联谊大会于邯郸召开，孙建国代表广府市武氏太极拳协会出席。

1995年　9月5日，由中国武术协会主办、永年县人民政府承办的第三届中国永年国际太极拳联谊会在永年县体育场召开。省、市领导和各界名流莅临，有26个国家和地区的278名外宾参加，国内有21个省、市、自治区的1300名代表，孙建国率队参加并获奖。

1997年　9月16—19日，第四届中国永年国际太极拳联谊会暨中国永年国际太极拳旅游节，在邯钢体育场举行。孙建国在西大堤开办"武氏太极拳学校"文武班400多人。6月到深圳教拳，7月受聘到武当三丰武馆担任主教练兼办公室主任。

1998年　姚继祖卒，孙建国由武当山赶回赠送花圈。全年在《武当》杂志整理套路发表文章。10月16日，第五届中国永年国际太极拳联谊会在邯郸体育场举行。由邯郸市旅游局承办。

1999年　10月8—11日，第六届中国永年国际太极拳联谊比赛大会在永年县体育场召开，参加这次大会的代表共计653人，来自16个国家和地区的外宾87人。来自内地19个省、市、自治区510人；香港39人、台湾17人。孙建国到广东汕头、广州、珠海等地授拳。

2000年　5月，由永年电视台和太极杂志出版社联合摄制的专题片《永年太极拳》在中央电视台体育频道黄金时段播出。

10月16日第七届中国邯郸太极拳联谊会在邯郸附体育馆召开。宋恩华市长为大会致祝词。来自澳大利亚、加拿大、捷克、法国、德国、日本、美国、马来西亚、新加坡、泰国等13个国家的157名外宾和国内23个省、市、自治区86个代表队的713名代表参加了大会。国家和省武术主管部门的领导光临大会。

2001年　　9月22~25日第八届中国邯郸国际太极拳交流大会在邯郸市体育场中心广场召开，这次大会由邯郸市旅游局承办。美国、澳大利亚、法国、日本、泰国、新加坡、马来西亚等十几个国家，北京、上海、天津、江苏、广东、河北、河南、山东、陕西、湖北、安徽、四川等20多个省、市、自治区及香港组队参加开幕式。邯郸市委常委、政府副市长赵风楼致欢迎词，河北省体育总局发来贺信。

2002年　　10月25日第九届中国邯郸永年太极拳交流大会在永年体育场召开，国外来宾50余人、国内1000余人参加，共决出金、银、铜牌200余枚。

2004年　　4月7日，"永年县太极拳协会"成立。名誉主席路群良（副书记）、刘荷香（副县长），顾问李剑青（政府办主任）、燕爱民（广府镇党委书记）等，主席刘捷方（体育局局长）。孙建国出版《武氏太极拳秘籍》一书。 首届永年太极拳年会于永年老城西街广场召开，孙建国为副会长兼主裁判。 9月15—18日第十届中国永年太极文化交流大会在永年广府召开，来自澳大利亚、日本、德国、泰国等国家的30多位太极拳爱好者。市县领导、市直有关部门负责人和现场观众等共约1300余人参加了大会。大会由副县长刘荷香主持。县委书记李士杰宣布大会开幕，县长李明朝致欢迎词。广州"俏佳人"音像公司联合人民体育出版社拍摄孙建国的《武氏家传太极拳》系列VCD9碟。永年第二届太极拳年会于永年老城西街广场召开。

2005年　　国家体育总局，中国武术协会《中华武藏》特邀孙建国拍摄《武氏太极拳》DVD系列20碟中英文版。录编《中国体育年鉴》大型画册。

2006年　　孙建国再次录编《中国体育年鉴》大型画册。5月20日国务院批准文化部确定的第一批518项国家级非物质文化遗产名录中，武术共有7项。其中，河北省永年县申报的杨氏太极拳进入了名录。10月祁锡书卒。

2007年　　6月5日经国家文化部确定，河北永年的杨振河和韩会明为杨氏太极拳的文化遗产项目

代表性传承人，并被列入第一批国家级非物质文化遗产项目226名代表性传承人名单中。山东电视台《中华武术》栏目拍孙建国专题片《拜师记》。5月2日永年第四届太极拳年会于永年广府西关召开。5月杨澄甫四子杨振国出版《杨氏太极拳三十七式》。杨振国退休后在邯郸市正式传拳，先后应邀赴台湾、香港授拳讲学。弟子4人，学员众多。并根据杨澄甫定型拳架创编推广"杨氏太极拳37式短套路"、"55式中套路"。2001年2月在海南三亚"首届世界太极拳健康大会"上，37式短套路集体表演获特等奖。3月27日杨氏太极第四代掌门人杨振基（1922—2007）逝世。

2008年　7月5—15日国家体育总局，中国武术协会特邀孙建国等人编写《武氏太极拳》段位制教材。8月4日，温家宝总理到广府城考查。

10月17日备受瞩目的"新世纪"杯中国邯郸第十一届国际太极拳运动大会在邯郸体育场隆重开幕。来自世界各地2000多名太极拳大师和爱好者在这里欢聚一堂，共庆太极盛会。本次大会由中国国家体育总局武术运动管理中心、中国武术协会、邯郸市人民政府、河北省体育局主办；由邯郸市体育局、河北省体育局武术运动管理中心、邯郸市文化局、永年县人民政府承办；由邯郸新世纪商业广场协办。

2009年　3月"香港武术联会"特邀孙建国代表"武氏太极名家"讲学。

9月19日中国第六届永年太极拳年会在广府古城开幕。本届年会吸引了来自河南、上海、吉林、浙江等多个省（直辖市）以及美国、澳大利亚、加拿大等国内外140多个代表队，共2000余人报名参会，年会规模创历届之最。

9月19—20日为了纪念杨氏太极拳第四代嫡传宗师赵斌先生逝世10周年，在河北省邯郸市永年县广府镇隆重举办了"赵斌太极园竣工典礼暨首届赵斌杯太极拳比赛"活动。

2010年　江苏镇江电子公司特邀武氏太极拳传人孙建国传授内功两年。

2011年　8月2日举办纪念武氏太极拳第四代嫡系传人李锦藩先生20周年书画展，在武禹襄故居举行，邯郸市永年县各级领导、永年电视台、《太极》杂志社、《中华武术》杂志社参加，近百名全国各地的入门弟子进行表演活动。

11月11日，国家体育总局武术协会高小军主任及省、市、县各级领导到武氏故居考察，特邀孙建国表演太极拳和二路炮捶后，领导高度赞扬。

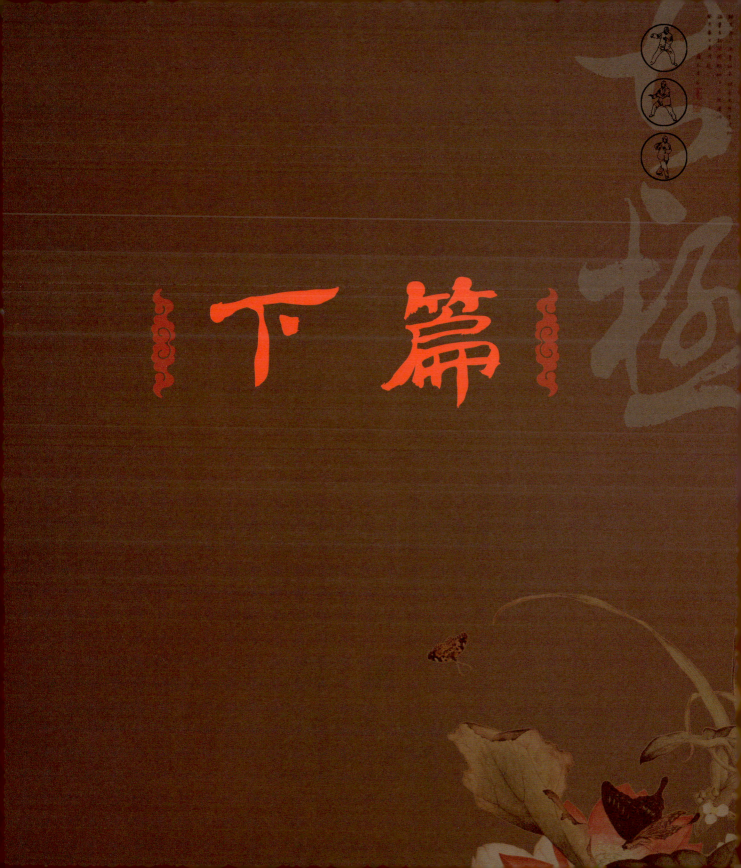

下 篇

第一章　武氏太极拳基本功法

俗语云：「树从根脚起，水自源处流。」

练功的人都知道基本功的重要作用，武氏太极拳的创始人武禹襄祖师更是重视习拳的要领，武氏太极拳门内弟子从师傅身上获得的一句教诲是：学拳只有基础扎得瓷实，才能有好的拳术质量。

武氏太极拳的基本功法包括：手法、腿法、步法和桩功。无论从外形，还是内意上，武氏太极拳的基本功法都具有自己独特的魅力，练习者一定要认真学习。

练习太极拳，最好的捷径就是勤学、苦练。

一、五花掌

[1]. 五指自然伸直，虎口撑圆，拇指与四指张开外撑；掌心劳宫穴处内凹，竖腕坐掌，意贯小指外沿下侧。

[2]. 手掌与小臂、小臂与大臂均成135°左右，形成大半圆弧形。整个掌型具有外撑内抱之意，节节贯穿之势。

师傅指路：
　　掌背为阳，掌心为阴，具有阳紧阴松之感。一松一紧方为真。

二、平拳

四指并拢弯曲回握，指尖虚接掌心，拇指压在食指第二关节上。拳眼虚空，拳背与小臂基本在一个平面上，拳心向下、拳背向上。

师傅指路：
平拳的拳势外紧内松。握右拳拳眼向左，握左拳拳眼向右。

三、正拳

四指并拢向掌心回握，指尖虚接掌心，拇指压住食指第二关节。拳眼虚空向上，握右拳拳心向左，握左拳拳心向右，拳心与小臂内侧在一个平面上。

师傅指路：
握拳时手指应从第一指节前端逐次弯曲，接触拳心时为虚心拳。实战中，正拳在未接触对方时不可握紧。

四、仰拳

师傅指路：
此拳应用于太极二路炮捶击打对方的肋部的期门、日月、腹哀、大横等穴位。

四指并拢握拳，拇指压住食指第二关节，拳心向上、拳背向下。拳心面微高于小臂形成半圆弧形为仰拳。

五、立凸拳

四指并拢握拳，指尖扣住拳心，大拇指第一节指肚紧压食指第二与第三指节缝隙使拇指第一与第二节关节处大骨空穴凸出，右手握拳拳心向左，拇指凸出向上成立凸拳。

六、横勾拳

　　在立凸拳的基础上将拳心向下翻转，拳背向上，拳与小臂基本在一个平面上，拳头向内回勾，形成向内弧。

七、二指禅法

　　无名指与小指弯曲回握，大拇指压住无名指第一指节，食指与中指伸直分开并微微弯曲，意贯两指指尖。二指高度与小臂基本在一条平面上为佳。

八、右实左虚步

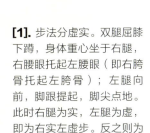

[1]. 步法分虚实。双腿屈膝下蹲，身体重心坐于右腿，右腰眼托起左腰眼（即右胯骨托起左胯骨）；左腿向前，脚跟提起，脚尖点地。此时右腿为实，左腿为虚，即为右实左虚步。反之则为左实右虚步。

[2]. 左虚步向左前方45°迈步，脚跟先着地，脚尖跷起，左腿伸直。此时仍是右腿实步、左腿虚步。身体重心90%在右腿上。

九、弓步

双腿迈开，腰胯向正前方摆正，右脚内侧发力蹬地，推动身体重心慢慢前移，左腿膝盖不可超过左脚尖，此为左弓步。右弓步方法相同。

师傅指路：
两腿角度应在45°~60°之间，右膝盖与右脚、左膝盖与左脚须在同一个方向。身体摆正，前后脚不在一条直线上，左右分开约一掌之距。

十、起脚、踢脚

十一、蹬脚

右腿屈膝站立，左腿上踢，脚尖向前绷直，脚面与小腿尽可能在一个平面上。小腿与脚尖向前延伸，意念集中在脚背与脚尖，踢跳对方裆部或腹部。

右腿屈膝站立，提起左脚，小腿内收后迅速向前蹬直，脚尖向上钩起，与小腿约成90°。意念集中在脚跟和脚掌，踹、蹬对方腹部及大腿内、外侧。

十二、侧踹脚

师傅指路：
　　此脚法多用于太极二路炮捶的技击应用。

[1]. 右腿屈膝站立，左腿上提，小腿弯曲，与大腿成90°，脚尖向内勾。

[2]. 左脚向左下方踹出，脚尖向内回钩。意念在脚掌外沿，踢铲对方小腿髌骨的上巨虚、下巨虚穴。

十三、二起脚

左腿屈膝站立，右腿向上踢起，脚尖向前绷直，与小腿呈一条直线，同时右手向前伸直，手掌用力拍打右脚面，手指与脚尖相碰，击打出清脆的响声为佳。同时再跳起使左右双脚离地。

武氏太极拳全典——下卷

十四、单摆莲脚

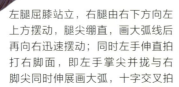

左腿屈膝站立，右腿由右下方向左上方摆动，腿尖绷直，画大弧线后再向右迅速摆动；同时左手伸直拍打右脚面，即左手掌尖并拢与右脚尖同时伸展画大弧，十字交叉拍打。

师傅指路：
　　左手掌拍打右脚面，实际上是左手与右腿同时伸展画弧线后，形成了一个十字交叉形的拍打。

十五、双摆莲脚

左腿屈膝站立，右脚离地，由右下方向左上方旋转后，再向右摆动，同时左右双手掌伸展一起拍打右脚面，发出"啪啪"两声。

师傅指路：
　　单摆莲脚、双摆莲脚均须保持上身挺直。应用时有将对方扫倒之意。

十六、混元桩

起初双掌掌心向下于身体两侧慢慢抬起，抬至于肩平时翻掌向上，慢慢再升到头顶时两掌中指相对，掌心向下落到小腹时微停后再上升与肩平（图略）。左腿向左平移半步于肩微宽、两脚平行或微微内扣，两腿弯曲下蹲，双掌向内，十指张开，骨节松开，相对中间约一尺距离。手与肘平，肘于肩平或微低。目视前方或微闭眼睛。

师傅指路：
　　双掌上抬时吸气，下落时呼气，要求细、慢、深、长。两臂定型时内臂圆要饱满，好似抱一气球。要外撑里松，外刚内柔，前松后紧，阳紧阴松。颈椎腰椎脊椎一定要正直，下颌回收。百会穴与会阴穴上下一线与地垂直，同时自然做到提顶吊裆、含胸拔背、松肩沉肘等要领。微笑可使面部放松，细心体会体内骨节、节节放松而不懈。两头梢节内部微动，久站后会自然微微摆动是正常现象。时间因人而异，越久越好，身体再不能支撑就收功。体会平心静气，下盘稳固。

十七、懒扎衣桩

懒扎衣桩是整个武氏太极拳架中最重要的桩功，也称母式桩或祖式桩。可分左右桩。

此桩为左脚与左手同在前，五指张开、竖腕坐掌，左手高不过眉远不过脚，手掌与小臂弯曲成135°左右，右手指尖与左半掌根高度相同。右手保护右半胸，左手保护左半胸。双臂抱斜圆在胸前有外撑内合之意。身体重心坐于右腿为实腿，左脚尖跷起且脚跟着地为虚腿，脊椎竖直与右脚根垂直一条线。两脚角度成60°左右，腰胯胸部向正前方摆正，鼻尖、左手尖、左脚尖呈一条线。双掌前推、双肘外撑、腰胯后坐、头向上顶、脚下踩地，形成八面支撑立体圆柱形，目视左手中指正前方。

十八、无极桩

无极桩也称起式桩，站定后两腿不分虚实、双掌同样轻重，重心在双腿中间。

即左脚向左平移半步于肩微宽，两脚平行，双腿微屈。双掌十指张开向前、掌心下按，两肩松垂，头颈正直，同样做到虚领顶劲。提顶吊裆为三穴向天、五穴向地即左右两肩井穴、百会穴向天；双掌劳宫穴、双脚涌泉穴与会阴穴向地。舌尖卷起顶住上腭，金津玉液穴打开与小腹丹田气鼓荡配合呼吸对健身养生大有益处。

时间越长越好，10分钟后双掌有热、胀、麻之感，指尖和脚尖可以骨节微动增加血液和肌肉循环调节。目视前方或微闭养神。

第二章 武氏太极拳一路中捋架

武氏太极拳中一路中捋架为中庸捋顺之拳架。

其特点：中正安舒、短小紧凑，平缓稳固、虚实分明，气势饱满，是含而不露文人雅致之拳架。

练习时节捋架中每一个招式都应注意「提顶吊裆，含胸拔背，松肩沉肘，裹裆护肫。」

各身法要领正确练习中捋架一两年后，即可练就手与脚合，肘与膝合，肩与胯合之外三合，又可练就心与意合、意与气合、气与劲合之内三合，能为以后学习二路炮捶以及三路小架打好坚实的基础。

第一式：预备势

[1]

[1]. 身体自然立正，两脚之间约一拳的距离，脚尖向前；两手松垂于身体两侧，指尖向下，目视正南方。

师傅指路：
　　心静专注。全身各关节、肌肉松沉，气向下沉；胸腹蓬松宽实，身法中正安舒，不可前俯后仰，左歪右斜。此意念贯穿于整套动作之中，是练习武氏太极拳的要点。（为便于初学者练习，暂定面向下南为准，以后熟练后，可任意改变方向。）

第二式：起势

[2]

[2]. 左脚向左平移半步，两脚与肩同宽，脚尖平行；同时两手掌画一小立圆，掌心向下按，五指向前，位于身体两侧。双膝微屈，脊椎正直，做到提顶吊裆、松肩沉肘、含胸拔背、气沉丹田。

师傅指路：
　　双掌下按时两腋下含空，胸外侧与手臂内侧约一拳之距，此称之为虚腋。小腹有上翻之意，以后各式皆要如此。

第三式：左懒扎衣

[3]. 接上式，右腰眼托起左腰眼，左胯微向后旋，身体调正，同时两手向内、向上画弧，左手高与鼻尖平，右手高与胸平；左脚向内移半脚，脚尖点地，呈右实左虚步（为起势）。

[3]

[4]. 重心位于右腿，右脚不动，左脚向左前方45°迈一步，脚跟着地，脚尖向上（为承势）。

[4]

[5]. 右脚跟蹬地，推动身体重心慢慢前移，呈左弓步，身体向正东南方摆正；两掌同时画弧前推，掌型基本不变，目视左手方向（为开势）。

[5]

错误动作

错误原因： 上身后仰，方位不对，双掌未合。

师傅指路：
　　虚领顶劲，丹田充实，气势饱满，腰脊正直，鼻尖、左脚尖、左手尖三尖对齐，做到外三合，即脚与手合、肘与肩合、肩与胯合。

第四式：右懒扎衣

[6]　　　　　　　　　　[7]

师傅指路：
　　在跟步时要以腰胯的旋转带动步法，右脚前跟定位时，两脚之间要有一脚之距以便灵活变换虚实，一定要实脚跟拧地，脚尖外摆内扣。

[6~7]. 接上式，右腰眼前推，左腰眼后撤，右脚向前跟步，脚尖点地，重心前移呈左实右虚步；接着左脚跟转动，脚尖内扣45°左右，右脚向右前方45°（西南方）迈出，脚跟先着地，同时右手上旋，高与鼻尖相平，左手下移置于左胸前，两手掌上下互换。目视右手方向（为合势）。

[8]

[8]. 左脚跟蹬地，推动身体重心慢慢前移，右脚尖慢慢踏平，右腿呈弓步，膝盖不可超过脚尖；两掌同时画弧前推，两手竖腕坐掌，抱斜圆于胸前，左手低右手高，两手臂内含，尽量保持圆满，并有外撑内合之意；掌型不变，目视右手方向。

师傅指路：
　　身体正直，气势饱满，鼻尖、右脚尖、右手尖三尖对齐。与左懒扎衣要点相同，方向相差约90°。

第五式：单鞭

[9]

[10]

[11]

[9]. 接上式，右腰眼后旋，左腰眼前转，带动左脚向前跟半步，脚尖点地，呈右实左虚步；右手微下旋，左手微上转（为合势，吸气）。

[10]. 以右脚跟为轴，脚尖内扣45°左右，两手合抱于胸前（为起势，沉气）。

[11]. 上身不变，左脚向左平移半步，脚跟先着地，重心仍在右腿（为承势）。

[12]

[12]. 右脚跟蹬地，推动身体重心慢慢移向左腿，呈左弓步，同时左、右手向两边分开，目视左手方向（为开势，呼气）。

错误动作

✕

❸ **错误原因：** 双腿虚实不清，两掌与两脚上下不合，右手软塌。

师傅指路：
右脚内扣要到位；脚跟蹬地，身体慢慢转向东方，以腰胯的拧转推动两掌左右分开，分掌后左手微高，掌根与左肩平，右掌微低，指尖与右肩平。

第六式：提手上势

[13]　　　　　　　　[14]

[13~14]. 左脚尖内扣90°左右，身体重心移向左腿，右手向下画弧，位于右胯前上侧，右脚收回半步，脚尖点地，呈左实右虚步；同时，左手掌微微上抬，掌心朝斜上方，位于左耳外侧，重心位于左腿并屈膝下蹲。目视西南方。

师傅指路：

　　左手向上抬时左肩向下松沉，右手向下按时右臂要弯曲，意贯右手掌，有下撩上翻之意。

第七式：白鹤亮翅

[15]. 两手上下交换，右手向上画弧，掌心向外，五指向左，位于额头前上方30厘米处；左手竖腕坐掌，五指向上，掌心向右，位于左胸前30厘米处。此时身体重心仍在左腿，目视左手掌方向。

[15]

[16]

[17]

[16~17]. 双掌保持不变，右脚向右前方迈出一步，脚跟着地，接着左脚跟蹬地，推动身体重心慢慢前移，右脚掌慢慢踏平，逐渐呈右弓步。目视双手中间前方。

错误动作

☞ **错误原因：**上下不顺遂，右腿弓步不到位，左手下塌无劲，不合劲。

师傅指路：
身体调正，双手摆好位置后，互不逾越中线。双掌保持外撑内合，有上撩前推之意。

第八式：左搂膝拗步

[18]

[19]

[18~19]. 右腰眼微微后撤，左腰眼微微前推，双手向下移，同时身体重心移向右腿，右脚脚跟拧地，脚尖内扣45°左右，左脚跟随内旋，身体转向正东方，呈右实左虚步。左手位于左胯前外侧，掌心向下，五指斜向前方，右手竖腕坐掌于右肩前侧，目视正东方。

[20]

[21]

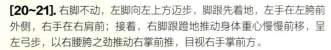

[20~21]. 右脚不动，左脚向左上方迈步，脚跟先着地，左手在左胯前外侧，右手在右肩前；接着，右脚跟蹬地推动身体重心慢慢前移，呈左弓步，以右腰胯之劲推动右掌前推，目视右手掌前方。

✱ **错误原因：** 右手掌超过左脚尖，双脚不应在一条直线上，重心不稳。

师傅指路：
　　右手推出时不超过左脚脚尖，手掌高度与鼻尖平，微向左侧。以右腰胯前推之劲须贯穿双掌之中。

第九式：左手挥琵琶

[22] [23]

[22~23]. 身体重心移向左脚，同时左手上抬、下按、回捋，位于胸前，接着右脚向前跟步，位于左脚后内侧，呈左实右虚步。

[24] [25]

[24~25]. 右虚步再撤回原位，腰胯由左向右旋转带动双手臂外捋、下按、回带，重心后移，由左前弓步变为右后弓步，目视双掌方向。

错误动作

错误原因： 右手掌心未向下，腋下夹得太紧，左手指超过左脚尖，眼睛未看左手前方。

师傅指路：
　　回捋、下按、外带应避开自身中心线，双臂有外撑之劲，有退中有进之感。

第十式：左搂膝拗步

[26~27]. 右腰眼微微后撤，左腰眼微微前推，双手向下移，同时身体重心移向右腿，右脚尖内扣45°左右，左脚跟随内旋，身体转向正东方，呈右实左虚步。左手位于左胯前外侧，掌心向下，五指斜向前方，右手竖腕坐掌于右肩前侧，目视正东方。

[26] [27]

[28~29]. 左脚向左前方迈步，脚跟先着地，左手在左胯前外侧，右手在右肩前；接着，右脚跟蹬地推动身体重心慢慢前移，呈左弓步，以右腰胯之劲推动右掌前推，目视右手掌前方。

师傅指路：
要求推掌、蹬腿、转腰磨同时进行，命门后撑脊椎竖直。

[28] [29]

第十一式：右搂膝拗步

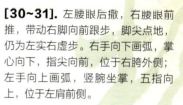

[30]　　　　　　[31]

[30~31]. 左腰眼后撤，右腰眼前推，带动右脚向前跟步，脚尖点地，仍为左实右虚步。右手向下画弧，掌心向下，指尖向前，位于右胯外侧；左手向上画弧，竖腕坐掌，五指向上，位于左肩前侧。

[32]　　　　　　[33]

[32~33]. 左脚尖微外摆，右脚向前迈步，脚跟先着地、脚尖跷起。随后左脚跟蹬地，推动身体重心慢慢前移，呈右弓步，目视左手掌前方。

师傅指路：
　　左手推掌时不超过右脚尖，右手臂腋下应有一拳之距，右手掌向外旋拨，左手掌有前推之意，并有整体之感。

第十二式：上步搬拦捶

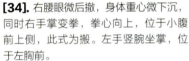

[34]

[34]. 右腰眼微后撤，身体重心微下沉，同时右手掌变拳，拳心向上，位于小腹前上侧，此式为搬。左手竖腕坐掌，位于左胸前。

[35]　　**[36]**

[35~36]. 随后，左脚向前跟步，脚尖点地。调整身体重心后，左脚再向前迈步，同时，左手掌向下按，手指向右。此式为拦。

[37]

[37]. 右脚跟蹬地，推动身体重心前移，呈左弓步，同时，右拳由拳心向上变为拳心向下，从左手掌背上打出（螺旋拧出打拳），此式为捶。目视右拳方向。

错误动作

✗

错误原因： 左手与左脚配合不协调，右手臂未虚腋松开，前腿开裆。

师傅指路：
　　按掌、拧腰、打拳要协调配合，由下而上贯穿拳头由螺旋劲运行。右拳不超过左脚尖，头要正直，虚领顶劲，命门后撑。

第十三式：六封四闭

[38]

[38]. 右拳变掌，手指向前，左手向左微微分开，手指向前；两掌与肩同宽，双手下按，肩肘向下松沉。

[39]

[39]. 接着，腰胯微微左转，重心转向左腿，右腿向前跟半步，脚尖点地，位于左脚后内侧。

[40]

[40]. 然后，右腿退回原位，身体重心后移，同时两手下按、回捋。

[41]

[41]. 当重心移到右腿时，随即将左脚带回，脚尖点地，呈右实左虚步，目视两手前方。

[42]

[42]. 左腿虚步再向前迈出，脚跟着地、脚尖跷起，随即两手掌以弧形下按、前推。

[43]

[43]. 右脚跟蹬地，推动身体重心前移呈左弓步，同时双手掌下按呈弧形状前推。目视双手前方。

师傅指路：
　　回捋、前推要以腰胯带动双手，来回要做弧形运动。在推出后双掌不可超出脚尖，步法可大可小，以舒适为宜，双掌推出时应脊椎挺直，有提顶吊裆之意。脚下蹬，头上顶，命门后撑，两臂外撑内合，双掌前推，形成上下、前后、左右对应、支撑八面混元之劲。

武氏太极拳全典——下卷

第十四式：抱虎推山

[44]　　　[45]

[44~45]. 右脚向前跟半步，脚尖点地，位于左脚跟后侧一脚之距。右手横掌下按，左手竖腕坐掌位于胸前；接着以左脚跟拧地，脚尖内扣135°左右，右脚尖点地随之旋转，身体有向后旋180°左右之意，目视左手方向。

[46]　　　[47]

[46~47]. 右腿向前迈步，脚跟着地、脚尖跷起，随即左脚跟蹬地推动身体重心前移，呈右弓步。右手掌心向下按旋转，左手竖腕坐掌前推，目视左手方向。

错误动作

错误原因： 身体旋转角度不到位，右手位置太低，没有虚腋，左手太高。

师傅指路：
　　身体向后整体旋转180°左右，左脚跟拧地，脚尖内扣时重心要稳。

第十五式：右手挥琵琶

[48]

[48]. 右手上抬、下按，微高于左手，位于右肩前上侧，竖腕坐掌，左手在右手下侧下按，同时左脚前带，脚尖点地，呈右实左虚步。

[49]

[50]

[49~50]. 随后，左脚撤回原位，身体重心慢慢后移，两手掌位于胸腹前，有下按、回捋、外带之意。目视两手掌方向。

师傅指路：
    在回带时要以腰胯带动两掌，回捋时要避开自身中心线，意感退中有进。

第十六式：右懒扎衣

[51]. 接上式，重心移到左腿时再带回右腿，脚尖点地，呈左实右虚步，两掌位于胸前。

[51]

[52]

[53]

[52~53]. 右脚向右前方迈步，脚跟着地、脚尖跷起，接着左脚跟蹬地推动身体重心前移呈右弓步，目视右手中指正前方。

师傅指路：
　　脚步要稳，右脚尖有内扣之意，双掌有斜抱立圆前推之感。

第十七式：单鞭

[54]　　　　　　　[55]

[54~55]. 左腰眼后旋，右腰眼前转，右胯托起左胯，带动右脚向前跟半步，脚尖点地，呈右实左虚步；右手微下旋，左手微上转。以右脚跟为轴，脚尖内扣45°，两手合抱于胸前。

[56]　　　　　　　[57]

[56~57]. 上身不变，左脚向左平移半步，脚跟先着地，重心仍在右腿。右脚跟蹬地，推动身体重心慢慢移向左腿，同时左右手向两边分开，呈左弓步，目视左手方向。

师傅指路：
　　蹬腿转腰、磨胯、双手分掌同时进行，左手掌微高于右手掌。

第十八式：提手上势

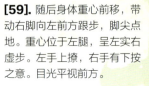

[58]. 左手基本不变，腰向左转，带动右手向下画弧，位于右小腹前，掌心向下，五指向前。

[59]. 随后身体重心前移，带动右脚向左前方跟步，脚尖点地。重心位于左腿，呈左实右虚步。左手上撩，右手有下按之意。目光平视前方。

[58]

[59]

第十九式：迎面掌

[60]. 右手翻掌向上，五指向前。左手掌心向前，五指向上，位于左肩前方。右脚向东南迈步，脚跟着地、脚尖跷起。

[61]. 上身基本保持不变，意贯双掌。然后左脚蹬地推动身体重心前移，呈右弓步。目视左手掌方向。

师傅指路：

　　右手臂腋下不可夹紧，应有可放一拳之距；双手有右手托肘插肋，左手掌击打对方面部之意。

[60]

[61]

第二十式：肘底看捶

[62~63]. 右脚不动坐稳，右手掌变拳，拳心向内，拳眼向上，同时左脚向前上步，脚尖点地，仍呈右实左虚步。

[62]　　　　[63]

[64]

[64]. 左手掌斜向上托起，掌心向前，位于左肩前上侧。左脚再向前迈步，脚尖点地，同时右拳拳心向内，打向左肘下侧，目视左手掌方向。

错误动作

➲ 错误原因：低头下看。拳坛云："低头弯腰，拳法不高。"

师傅指路：
　　右腿支撑，臀部坐稳，腰胯左旋推动右拳打击。在意念上，左手掌托对方下巴或咽喉处，右拳击打肋部，左膝盖顶踢对方裆部。

第二十一式：倒撵猴（一）

[65]　　[66]　　[67]

[65~67].左脚向后撤步，右手由拳变掌，竖腕坐掌位于右肩前上侧，左手向下画弧，位于左腹前上侧，掌心向下；同时右脚跟拧地，脚尖内扣135°左右，身体随之向左后方转动。腰、胯、肩、膝部同时向左旋转，左脚尖点地，脚跟内旋。目光平视左手方向。

[68]　　[69]

[68].左脚向前迈步，脚跟着地、脚尖跷起，两掌有前推后带之意。

[69].右脚跟蹬地推动身体重心前移，呈左弓步，两手臂同时有外推之意。

师傅指路：
　　两手掌前推不超过左脚尖，两腋下虚空，内含有一拳之距。有外带前推之意。

第二十一式：倒撵猴（二）

[70] [71]

[72]

[70~71]. 左腰眼微微后撤，带动右脚前移，脚尖点地，呈左实右虚步；同时两手上下互换，右手在胸前，掌心向下，手指向左，左手竖腕坐掌，位于左胸前。接着，右虚腿向后撤半步，呈后交叉步。

[72]. 左脚脚跟拧地旋转，脚尖内扣270°左右；同时身体随之旋转，仍呈左实右虚步，由西北方转向西南方。

[73]

[74]

[73~74]. 右脚向前迈步，脚跟着地，脚尖跷起；接着，左脚跟蹬地推动身体重心前移，呈右弓步，两手基本不变，目视左手方向。

师傅指路：

　　两肩松沉，两肘下坠，不可抬肘，保持腹部撑圆饱满。左脚跟拧地270°，注意身体要平稳。

武氏太极拳全典——下卷

第二十一式：倒撵猴（三）

[75]　　　　[76]　　　　[77]　　　　[78]

[75~78]. 右脚不动，右腰眼微微后撤，带动左脚前移，脚尖点地；同时两手上下互换，左虚脚向后撤半步，呈交叉步，右脚脚跟拧地旋转，脚尖内扣270°左右，身体随之旋转，仍为右实左虚步。目视右手方向。

[79]　　　　　　　　[80]

[79~80]. 左脚向前迈步，脚跟着地，然后右脚跟蹬地推动身体重心前移，呈左弓步。目视右手中指尖前方。

师傅指路：
　　立身中正，左手下按前推，右手弧形前推。

第二十一式：倒撵猴（四）

[81]　　　　　**[82]**

[81~82]. 左腰眼微微后撤，带动右脚前移，脚尖点地，呈左实右虚步；同时两手上下互换，右手在胸前，掌心向下，手指向左，左手竖腕坐掌，位于左胸前。接着，右虚腿向后撤半步，呈交叉步。

[83]　　　　　**[84]**

[83~84]. 左脚脚跟拧地旋转，脚尖内扣270°左右，同时身体随之旋转，呈左实右虚步，面向西南方。

[85]　　　　　**[86]**

[85~86]. 右脚向西南方迈步，脚跟着地、脚尖跷起，接着左脚跟蹬地推动身体重心前移，呈右弓步，两手基本不变，目视左手方向。

师傅指路：
　　两手臂似合抱圆球之饱满，不要松懈。

第二十二式：右手挥琵琶

[87]

[87]. 两手上下交换，掌心向下，同时带上左脚，脚尖点地。仍是右实左虚步。

[88]

[88]. 调整身体重心后，左虚脚再撤回原位，呈后弓箭步。

[89]

[89]. 两手掌向斜后方下带外捋，右手掌心向下，位于右胯前，左手掌位于左肩前侧。整体腰部向左转，带回右脚，脚尖点地，呈左实右虚步，目视前方。

师傅指路：
回捋外带下按应避开自己的中心线，意念退中有进、进中有退，双手有按对方手臂之感。

第二十三式：白鹤亮翅

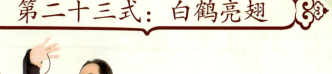

[90]. 两手掌上下交换，右手向上画弧，掌心向外，五指向左，位于额头前上方30厘米左右处。左手竖腕坐掌，五指向上，位于左胸前30~40厘米处，此时身体重心在左腿，仍为左实右虚步，目视左手掌方向。

[90]

[91]

[92]

[91~92]. 身体调正，右脚向前方迈出一步，脚跟着地，接着左脚跟蹬地推动身体重心慢慢前移，右脚掌慢慢踏平，呈右弓步，目视正前方。

师傅指路：
　　右手掌上抬时，右肩仍向下沉坠，形成上下对拉劲。左右手同时前推。

武氏太极拳全典——下卷

第二十四式：左搂膝拗步

[93]

[94]

[93~94]. 右腰眼微微后撤，双手向下移，同时身体重心移向右腿，右实脚脚跟拧地，脚尖内扣120°左右，左虚脚跟随内旋，身体转向正东方，呈右实左虚步。左手位于左胯前外侧，掌心向下，五指斜向前，右手竖腕坐掌于右肩前侧，目视正东方。

[95]　　　　　　　[96]

[95~96]. 左脚向前迈步，脚跟着地，左手掌在左胯前外侧，右手在右肩前，由右脚跟蹬地推动身体重心前移呈左弓步，右掌前推，目视右手掌方向。

师傅指路：
　　右手推出时不超过左脚脚尖，右手掌高与鼻尖平，右腰眼前旋，劲力贯穿双掌之中。

第二十五式：左手挥琵琶

[97]

[98]

[97]. 身体重心移向左脚，同时左手上抬下按，回捋在胸前，而后再将右脚向前跟步，位于左脚后内侧。

[98]. 右脚随即再撤回原位。腰胯由左向右旋转，带动双手外捋、下按、回带，重心后移由左腿转向右腿，目视双掌方向。

师傅指路：
　　两手臂皆为弯曲，两腋下虚空，整体以腰胯带动。

第二十六式：按势

[99]

[99]. 右实脚脚跟拧地，脚尖内扣，左脚尖点地微向前，左脚撤回，与肩同宽；右手竖腕坐掌位于胸前，左手五指向后，掌心向上，位于左胯外侧，目视右手方向。

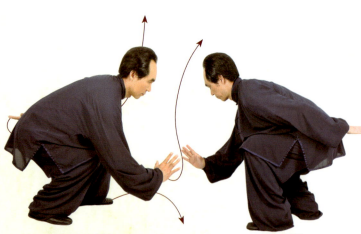

[100-A面]　　　[100-B面]

[100]. 双腿屈膝下蹲，右腿实，左腿虚，左脚尖点地，右手斜竖侧掌，掌心向左，下按。左手在左胯外侧，手指向后，手心向上。头要正直，目视斜下方。

错误动作

错误原因： 腿未弯曲下蹲，低头、弯腰、撅臀。

师傅指路：
　　下蹲时，头与脊椎要挺直；两肩仍保持平衡，有右手下按，左手上撩之意，重心落在右腿上。

第二十七式：青龙出水

[101]

[102]

[103]

[101]. 右脚蹬地推动身体上起，左手指向上，掌心向前，位于左肩前侧；右手横侧掌，手指向左，掌心向斜前方，位于额头前上侧，与额头保持一掌之距，目视左手方向。

[102]. 两手基本不动，左虚脚向前迈一步，脚跟着地。

[103]. 右脚跟蹬地推动身体重心前移，呈左弓步。

[104]

[105]

[106]

[104~105]. 两脚跟同时由左向右拧转，左脚尖内扣，右脚尖外摆120°左右，身体由面向东方转向西方，身体旋转180°左右。

[106]. 左脚跟蹬地，推动身体重心由左腿移向右腿，呈右弓步，两手掌在额头上方画大弧形，由左向右，目视右手方向。

错误动作

错误原因： 上身歪曲，胸腹未能调整朝向正前方，两只手前推太过。

师傅指路：
身体由左向右旋转时，脊柱要正直，两脚跟同时拧地，整体向后旋转180°。意想对方用力向我冲拳猛击过来，我顺势将对方由左向右方推出。

第二十八式：三涌背

[107]　　　　　[108]

[107~108]. 右腰眼微后撤，带动右腿后撤半步，脚尖点地，同时，两手由上向下画弧，掌心向下，从上到下于胸前，随后右虚腿再向后撤半步。

[109]　　　　　[110]

[109~110]. 左腰眼微后撤，带回左脚，脚尖点地，呈右实左虚步。目视左手指尖方向（即西北方）。

[111]   **[112]**   **[113]**

[111~112]. 调整身体重心后，左脚再向前迈出，脚跟着地，然后右脚跟蹬地，推动身体重心前移呈左弓步，两手掌同时画弧前推，目视手指方向。

[113]. 左腰眼微后撤，带动右脚前跟步，脚尖点地，同时两手掌前后交换，有外带下按之意。

[114]   **[115]**

[114~115]. 随后右虚脚向右前方迈步，脚尖跷起，脚跟着地，左脚跟蹬地推动身体重心前移，再呈右弓步，目视右手方向。

师傅指路：

    后撤3个半步，前进3个半步，脚与双手要配合协调。进退呈半圆弧形，似大海波浪汹涌澎湃。

    注：外形近似懒扎衣动作，但内劲和方向不同。

第二十九式：单鞭

[116]

[116]. 右腰眼后旋，左腰眼前转，带动左脚向前跟半步，脚尖点地，呈右实左虚步；右手微下旋，左手微上转。

[117]

[117]. 以右实脚跟为轴，脚尖内扣45°，脚跟拧地带动身体向左转，两手合抱于胸前。

[118]

[118]. 上身不变，左脚向左平移半步，脚跟先着地，重心仍在右腿。

[119]

[119]. 右脚跟蹬地，推动身体重心慢慢移向左腿，同时左、右手向两边分开，呈左弓步，目视左手方向。

师傅指路：
　　右脚内扣要到位；脚跟蹬地，以腰胯的拧转推动两掌左右分开，分掌后左手微高，左掌根与左肩平，右掌微低，右指尖与右肩平。

第三十式：云手（一）

[120]. 右腰眼微后撤，重心移向右腿，同时左手由上向下画弧，掌心向下，位于腹部前侧。左脚尖随身右转内扣90°左右。

[120]

[121]. 左脚带回右脚内侧，脚尖点地，两脚之间保持有一脚之距；左手再向上画弧至胸前，竖腕坐掌，掌心斜向外。右手位于小腹前上侧掌心向上。

[121]

[122]

[123]

[124]

[122]. 左腿再向前迈一步，右脚跟蹬地，推动身体重心前移上拔，呈左弓步，双手掌抱圆向斜上方撑劲，目视左手方向。

[123~124]. 两掌上下交换，左手由上向下画弧至腹前且掌心向上，右手由下向上画弧微高于右肩。同时左脚尖内扣135°左右，脚跟拧地整体向右旋转，右虚脚回收，并有上拔之意。目视右手方向。

师傅指路：
　　向右旋转右手在上，左手在下；向左旋转左手在上，右手在下。脚跟蹬地，上拔之劲力达手臂及全身。

第三十式：云手（二）

[125~126]. 两手掌上下交换，左手竖腕坐掌，掌心向外位于左肩前侧，右手掌心向上位于小腹前，双掌合抱撑圆。同时两腿虚实交换。腰向左转，左脚向左前方迈步，然后右脚跟蹬地推动身体重心前移，呈左弓步。

[125]　　　　[126]

[127]　　　　[128]　　　　[129]

[127]. 两手上下互换，重心位于左腿。左脚跟拧地，脚尖内扣，带动身体向右旋转。目光平视右手上方。

[128]. 左脚脚尖内扣120°左右，身体随之旋转。左脚跟蹬地推动身体劲路上拔，劲路走向左手臂，有上掤之意。

[129]. 重心由左腿转向右腿，落实后右脚尖内扣135°左右。同时双掌上下交换，右手在上斜侧掌位于右肩前。左手位于小腹前掌心向上。

第三十式：云手（三）

[132]. 两手上下互换，重心位于左腿。左脚跟拧地，脚尖内扣，带动身体向右旋转。目光平视右手上方。

[130]　　　　[131]　　　　[132]

[130~131]. 两手掌上下交换，合抱于胸前，同时两腿虚实交换。腰向左转，左脚向左前方迈步，然后右脚跟蹬地推动身体重心前移，呈左弓步。

[133]　　　　[134]

[133]. 左脚尖内扣120°左右，身体随之旋转。左脚跟蹬地推动身体劲路上拔，劲路走向双手臂，有上掤之意。

[134]. 重心由左腿移向右腿，同时双掌上下交换，右手在上斜侧掌位于右肩前。左手位于小腹前掌心向上。

错误动作

✗

❀ **错误原因：** 云手双腋下未能撑开，夹得太紧、两腿虚实不清。

师傅指路：
　　云手动作连续重复3次。右脚为收步，左脚为进步各3次向东移动。左右旋转时上身要正直。左右手上下互换时腋下保持有一拳之距，不可夹紧。向右转时右手在上，左腿劲上拔传向右手臂；向左转时左手臂在上，腰胯劲上拔传向左手臂。

第三十一式：单鞭

[135]

[136]

[137]

[135]. 右腰眼后旋，左腰眼前转，带动左脚向前跟半步，脚尖点地，呈右实左虚步；右手微下旋，左手微上转。以右脚跟为轴，脚尖内扣45°，两手合抱于胸前。

[136]. 上身不变，左脚虚向左平移半步，脚跟先着地，重心仍在右腿。

[137]. 右脚跟蹬地，推动身体重心慢慢移向左腿，同时左右手向两边分开，呈左弓步，目视左手方向。

第三十二式：提手上势

[138]

[139]

[138]. 左手基本不变，腰向左转，带动右手向下画弧，位于右小腹前，掌心向下，五指向前。

[139]. 随后身体重心前移，带动右脚向左前方跟步，脚尖点地。重心位于左腿，呈左实右虚步。左手上撩，右手有下按之意，目光平视前方。

第三十三式：左高探马

[140]　　　[141]　　　[142]

[140]. 上身基本不变，右手翻掌，掌心向上，手指斜向前，位于腹部前侧。

[141~142]. 右脚向左前45°方向（东南方）迈步，脚跟先着地、脚尖跷起。左手掌心向前，手指向上，位于左胸前侧。右手掌心向上，五指向前位于腹前侧。随后左脚跟蹬地，推动身体重心前移，呈右弓步，目视左手掌前方向。

错误动作

师傅指路：
　　右手有托肘插肋之意，左手有搭腕击胸之意。

❸ **错误原因一：** 双手掌距离太近，身体后仰。　　❸ **错误原因二：** 低头下看，精神气势不饱满。

第三十四式：右高探马

[143]

[144]

[145]

[143]. 重心前移至右腿，左脚跟步，重心仍在右腿，左脚尖点地，双手上下翻转后，右手在上，左手在下，双掌上下斜相对。

[144~145]. 左脚向左前方45°（东北方）迈步，脚跟着地、脚尖跷起，而后右脚跟蹬地推动身体重心前移呈左弓步，目视右手掌前方。

师傅指路：
　　脊椎正直，右脚后蹬地劲贯双掌，左手有托肘插肋之意，右手有搭腕击胸之意。

第三十五式：右起脚

[146]

[147]

[148]

[146]. 左脚不动，左腰眼后撤，右腰眼前推，右手掌在胸前画弧形，掌心斜向前。

[147~148]. 同时带动右脚前跟步，呈左实右虚步，而后身体微下蹲，两手掌微微画弧，左手位于左肩外侧，右手竖腕坐掌于右脚尖同一方向，随时带起右脚，脚尖绷直向东南方向起脚，目视右脚方向。

师傅指路：
　　右脚、右手方向一致同时起落，左腿重心要稳定，上身保持平衡。

第三十六式：左起脚

[149]

[150]

[149~150]. 右脚落步位于左脚的后内侧，脚掌落平后变成实腿，随后左脚回收，变为右实左虚步，左手与左脚方向一致。

[151]

[152]

[153]

[151~153]. 右手位于右肩外侧，竖腕坐掌，左手微向上画弧，带起左脚向上抬起。脚尖绷直。目视左手左脚方向。

师傅指路：
　　左右起脚时脚尖要绷直，以实腿蹬地形成一个整体，有踢跳对方裆部之意，实脚抓地要稳固。

第三十七式：转身踢一脚

[154]　　[155]

[154~155]. 左脚下落时，落向右脚的后侧。随后右脚跟拧地，脚尖内扣，从左手方向转身180°，转向西方，重心坐于右腿仍为实腿。

[156]　　[157]

[156~157]. 左脚尖点地，呈右实左虚步。双手掌手指向上，竖腕坐掌。左脚尖绷直，向上猛踢，左手与左脚方向一至，右脚蹬地独立，右手在右肩外侧，目视左脚尖方向。

师傅指路：
　　左脚上踢速度要快而有力，右脚支撑全身要稳。

第三十八式：践步栽捶

[158~159]. 左脚向前方迈一步，紧接左脚再快速用力蹬地，双脚向前跳起。

[158] [159]

[160]. 右脚迅速跟至左脚位置（称为践步），左脚再快速向前迈一步，呈右实左虚步，眼看左手掌前方(西方)。

[160]

[161]. 左虚脚向前迈步，左手向左下侧画弧至左膝盖外侧，右脚跟蹬地推动身体重心前移呈左弓步，右手由掌变拳击向前下方，有击打对方裆部之意。

[161]

师傅指路：
　　起身要快，落步要稳，跟步要急，践步有力，一气呵成。

第三十九式：翻身二起脚

[162]　　　　　[163]

[162~163]. 左脚蹬地，推动身体重心上起翻身后右脚可向右调30厘米左右，使两腿摆顺位置。同时再从右手方向翻转180°，右手在前、左手在后，转回面向正东方。

[164]

[165]

[164]. 左腿跟蹬地，重心再向前移呈右弓步，同时右手向下画弧，左手向上猛力抬起，与左腿同时抬起。

[165]. 紧接左腿快速上抬，带起右脚绷直，向上猛踢，同时右手掌拍打右脚面。双脚腾空离地跳起。

师傅指路：
　　身体上跳速度要快、劲力要猛，有拍打对方头部之意。

第四十式：披身

[166]   [167]

[166~167]. 左脚先落地，右脚紧接落向左脚的位置上，左脚快速跳起再向后撤一步。两手掌由前向后捋带（右手在前上方，左手在后下方），重心由右腿移向左腿，呈左腿弓箭步。目视两手掌方向。

师傅指路：
　　双手在回捋时要有抓拿对方的腿脚之意，跳起要轻灵，落地要沉稳。

第四十一式：伏虎势

[168]

[168] 正面

[168]. 承接上式，当两掌回捋到前胸时，快速由掌变拳，拳心上下相对，约40厘米左右。

[169]

[170]

[169~170]. 右腰眼后撤，同时两拳上下翻转，变为右拳在上，左拳在下，仍是拳心相对。右脚向后再撤一大步，变为右实左虚步，目视两拳前方。

师傅指路：
　　两拳的上下翻转，要用腰胯之劲协调配合。双拳相对之意是拧抓对方踢脚，快速抓其脚尖与脚跟，撤步将对方拧翻。

第四十二式：踢一脚

[171]. 双拳心上下相对于腹前，重心落于右腿，随即提起左大腿，小腿下垂，脚尖绷直。

[171]

[172]

[173]

[172~173]. 两手由拳变掌，竖腕坐掌前后分开，左手与左脚同一方向，同时左脚提膝上踢。目视左手掌方向。

师傅指路：
　　踢脚时身体重心要稳，脚尖绷直，劲贯脚尖，双掌同时配合协调。有踢蹬对方大腿以及裆部之意。

第四十三式：转身蹬一脚

[174]

[175]

[176]

[174]. 踢脚后，左脚向右脚前外侧迈步呈交叉步，左腿委中穴压在右腿膝盖上。两手掌竖起在左胸前。

[175~176]. 左脚跟拧地，脚尖内扣270°左右，同时带动右脚尖也拧地内旋，使身体由左向右旋转360°。

[177]

[178]

[179]

[177]. 重心位于左腿上，右脚尖点地。左手掌在左肩外侧，右手掌在右胸前，目视右手方向。

[178~179]. 身体重心坐稳左腿后，下沉蹬地，带动右腿上抬、脚尖跷起，向前蹬出，双掌协调配合，同时前后分开，目视右手方向。

师傅指路：

屈膝外蹬，脚尖内钩意在脚跟，用右脚跟快速向外蹬出。蹬对方大腿内侧或胸腹部。

第四十四式：上步搬拦捶

[180]

[180]. 右脚蹬出后落步向东南方进步，脚跟先着地，脚尖跷起，同时右掌变拳，拳心向上位于右腹前，左手竖腕坐掌，位于右拳内侧。此动作为"搬"。

[181]   [182]

[181~182]. 随后，左脚向前跟步，脚尖点地。调整身体重心后，右脚再向前迈步，同时，左手掌向下按，手指向左。此动作为"拦"。

[183]

[183]. 右脚跟蹬地，推动身体重心前移，呈左弓步，同时，右拳由拳心向上变为拳心向下，从左手掌背上打出（螺旋拧出打拳），目视右拳方向。此动作为"捶"。

第四十五式：六封四闭

[184]

[185]

[186]

[184~186]. 右拳变掌，手指向前，左手向左微微分开，手指向前；两掌与肩同宽，同时下按，肩肘向下松沉。接着，腰胯微微左转，重心转向左腿，右腿向前跟半步，脚尖点地，位于左脚后内侧。然后，右腿退回原位，身体重心后移，同时两手下按、回将。

[187]

[188]

[189]

[187]. 当重心移到右腿时，随即将左脚带回，脚尖点地，呈右实左虚步，目视两手前方。

[188]. 左腿虚步再向前迈出，脚跟着地，脚尖跷起，随即两手掌以弧形下按、前推。

[189]. 右脚跟蹬地，推动身体重心前移呈左弓步，同时双手掌下按呈弧形状前推。目视双手前方。

第四十六式：抱虎推山

[190]　　　　　[191]

[190~191]. 右脚向前跟半步，脚尖点地，位于左脚跟后侧一脚之距。右手横掌下按，左手竖腕坐掌位于胸前；接着以左脚跟拧地，脚尖内扣135°左右，右脚尖点地随之旋转，身体有向后旋转180°左右之意，目视左手方向。

[192]　　　　　[193]　　　　　[194]

师傅指路：
　　左手竖腕坐掌，右手横腕按掌，双手臂在胸前保持撑圆抱圆，气势饱满，后带前推。

[192~194]. 右腿向前迈步，脚跟着地、脚尖跷起，随即左脚跟蹬地推动身体重心前移，呈右弓步。右手掌心向下按旋转，左手竖腕坐掌前推，目视左手方向。

第四十七式：右手挥琵琶

[195]

[196]

[197]

[195]. 右手上抬、下按，微高于左手，同时左脚前带，脚尖点地，呈右实左虚步。

[196~197]. 随后，左脚撤回原位，身体重心慢慢后移，两手掌有下按、回捋、外带之意。目视两手掌方向。

第四十八式：右懒扎衣

[198]

[199]

[200]

[198]. 接上式，重心移到左腿时，再带回右腿，脚尖点地，呈左实右虚步，两掌位于胸前。

[199~200]. 右脚向右前方迈步，脚跟着地、脚尖跷起，接着左脚跟蹬地推动身体重心前移呈右弓步，目视右手中指正前方。

师傅指路：
　　前进后退脊椎竖直，双手臂在胸前保持圆活饱满。

第四十九式：斜单鞭

[201]. 腰微向右转，左脚向右脚内侧跟步，脚尖点地，随后右脚尖内扣60°左右，调整身体重心仍呈右实左虚步，双掌合抱于胸前。

[201]

[202]

[203]

[202~203]. 左脚向左前方（东南方）45°迈步，脚跟先着地，然后右脚跟蹬地，推动身体重心移向左腿呈弓步，同时双掌左右分开，左手微高，右手微低，目视左手方向。

师傅指路：

　　斜单鞭方向为由西北再转向东南方向，两个斜角左右分开。要领与另外单鞭相同唯角度不同。

Taiji

第五十式：野马分鬃(一)

[204]　　　[205]

[204~205]. 左腰眼前旋，右腰眼后撤，重心逐渐移向右腿，呈左腿弓箭步形。右手不变，左手向下画弧位于左胯前，掌心向下。

[206]　　　[207]　　　[208]

[206]. 随后左脚带回到右脚内侧，脚尖点地，而后左右手上下翻转，左手在上，掌心向外。右手在右腹前，掌心向上，五指斜向前。

[207~208]. 左虚脚再向西南方向迈步，脚跟先着地、脚尖跷起，随后右脚跟蹬地，推动腰胯向左旋转，呈左弓步，目视左手臂方向。

师傅指路：
　　手和脚要同时协调配合上下一致。野马分鬃共 4 个动作，两个角度即西南方、西北方。

第五十式：野马分鬃(二)

[209]

[210]

[209]. 左腰眼后撤，右腰眼前推。重心移向左腿，右脚向前跟步，脚尖点地。

[210]. 两手掌上下交换，右手在上，位于右肩前上侧，掌心向外。左手在下，位于腹部前侧，掌心向上。

[211~212]. 右脚向右前方（西北方）迈步，脚跟先着地、脚尖跷起。而后左脚跟蹬地推动身体重心前移，呈右弓步，目视右手臂方向。

[211]

[212]

第五十式：野马分鬃(三)

[213]   [214]

[213~214]. 重心再移到右腿时，左脚再向前跟步，脚尖点地位于右脚内侧。两手画弧上下交换，左手在上，掌心向外，右手在下位于小腹前，掌心向上。

[215]   [216]

[215~216]. 调整身体重心后，左脚再向左前方（西南方）迈步。两手臂基本不变，右脚跟蹬地推动身体重心前移，呈左弓步并向左微转腰，目视左手臂方向。

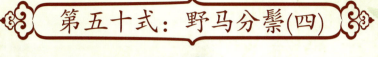

第五十式：野马分鬃(四)

[217]　　　　[218]

[217~218]. 左腰眼后撤，右腰眼前推，重心移向左腿。右脚再向左脚内侧跟步，同时两手上下交换，右手位于右肩前侧，掌心斜向下，左手位于腹前，掌心向上。

[219]　　　[220]　　　[221]

[219~221]. 双手基本保持不变，右脚向右前方（西北方）迈步，脚跟先着地，而后左脚跟蹬地，推动身体重心前移呈右弓步，目视右手臂方向。

第五十一式：单鞭

[222]

[223]

[222]. 右腰眼后旋，左腰眼前转，带动左脚向前跟半步，脚尖点地，呈右实左虚步；右手微下旋，左手微上转。

[223]. 以右脚跟为轴，脚尖内扣45°，身体随之左转，两手合抱于胸前。

[224]

[225]

[224]. 上身不变，左脚向左平移半步，脚跟先着地，重心仍在右腿。

[225]. 右脚跟蹬地，推动身体重心慢慢移向左腿，同时左右手向两边分开，呈左弓步，目视左手方向。

第五十二式：玉女穿梭（一）

[226]　　　　[227]

[226~227]. 左腰眼前推，右腰眼后撤，重心移向右腿。左手向下画弧，位于腹部前侧，掌心向下。左脚向右脚内侧跟步，脚尖点地为虚步，同时左手由下向上画弧，位于左肩上侧。

[228]　　　　[229]

[228~229]. 左手掌上撩，掌心向外，位于额头前上侧。右手竖腕坐掌，五指向上位于右胸前侧，仍为右实左虚步。而后左虚脚向右前方45°（西南方）迈步，脚跟先着地，再由右脚跟蹬地推动身体重心前移呈左弓步，目视两掌中间前方（西南方）。

师傅指路：
　　左手上撩时左肩下沉，不可上耸。上身保持挺直，腰胯调正面向西南方。左脚蹬时劲贯双掌。

第五十二式：玉女穿梭（二）

[230~231]. 双掌基本不变，身体重心移到左腿，右脚向前跟步，脚尖点地。调整身体重心后，右脚再向左后方交叉盖步，脚尖点地左腿实、右腿虚。

[230]

[231]

[232]

[233]

[234]

[232]. 以左脚跟拧地，脚尖内扣约210°左右，仍是左实右虚。面向东南方向45°。右手向上画弧，位于额头上方一手掌之距，掌心向斜上方。左手竖腕坐掌位于左胸前。

[233~234]. 右虚脚向前东南方迈步，脚跟先着地，随后左脚跟蹬地，推动身体重心前移呈右弓步。目视双掌间前上方（东南方），劲贯串双掌。

第五十二式：玉女穿梭（三）

[235]. 重心坐实后，左脚向前跟步，脚尖点地，右手向下画弧位于胸前，竖腕坐掌，左手向上画弧位于左肩前上侧。

[235]

[236]

[237]

[236~237]. 左手上移位于额头前上侧呈横侧掌，掌心向外，右脚跟拧地，脚尖内扣约45°，左脚向左前方（东北方）迈步，脚跟先着地，而后右脚跟蹬地推动身体重心前移呈左弓步，目视东北方。

武氏太极拳全典——下卷

第五十二式：玉女穿梭（四）

[238]

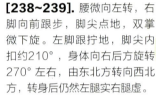

[239]

[238~239]. 腰微向左转，右脚向前跟步，脚尖点地，双掌微下旋。左脚跟拧地，脚尖内扣约210°，身体向右后方旋转270°左右，由东北方转向西北方，转身后仍然左腿实右腿虚。

[240]

[241]

[240~241]. 向后旋转的同时，右手上撩外托，位于额头上方一手掌之距。左手竖腕坐掌位于左胸前，距离一尺左右。右虚脚再向西北45°斜角迈步，脚跟先着地，而后左脚跟蹬地推动身体重心前移呈右弓步，目视西北方。

师傅指路：

　　所有后虚脚向前跟步，脚尖点地时两脚之间应保持有一脚之距。左右手上下交换向4个斜角方向推出时，脊椎竖直，用后脚跟蹬地，向上拔劲力达双掌。

第五十三式：右手挥琵琶

[242]

[243]

[244]

[242]. 右手上抬、下按，微高于左手，同时左脚前带，脚尖点地，呈右实左虚步。

[243~244]. 随后，左脚撤回原位，身体重心慢慢后移，两手掌有下按、回捋、外带之意。目视两手掌方向。

第五十四式：右懒扎衣

[245]

[246]

[247]

[245]. 重心移到左腿时再带回右腿，脚尖点地，呈左实右虚步，两掌位于胸前。

[246~247]. 右脚向右前方迈步，脚跟着地、脚尖跷起，接着左脚跟蹬地推动身体重心前移呈右弓步，目视右手中指正前方。

第五十五式：单鞭

[248]. 右腰眼后旋，左腰眼前转，带动左脚向前跟半步，脚尖点地，呈右实左虚步；右手微下旋，左手微上转。以右脚跟为轴，脚尖内扣45°，身体随即左转，两手合抱于胸前。

[248]

[249]

[249]. 上身不变，左脚向左平移半步，脚跟先着地，重心仍在右腿。

[250]

[250]. 右脚跟蹬地，推动身体重心慢慢移向左腿，同时左右手向两边分开，呈左弓步，目视左手方向。

第五十六式：云手

[251]

[252]

[253]

[251]. 右腰眼微微后撤，重心移向右腿，同时左手由上向下画弧，掌心向下，位于腹部前侧。

[252]. 左脚带回右脚内侧，脚尖点地，两脚之间保持有一脚之距，左手再向上画弧至胸前，竖腕坐掌，掌心斜向外。

[253]. 双掌在胸前抱圆，左腿前迈一步，右脚蹬地，推动身体重心前移上拔，呈左弓步，双手掌向斜上方撑劲，目视左手方向。

[254]

[255]

[254~255]. 两掌上下交换，左手向下画弧至腹前，掌心向上，右手向上画弧微高于右肩。同时左脚尖内扣135°左右，脚跟拧地整体向右旋转，右虚脚回收，并有上拔之意。目视右手方向。连续重复3次同30式云手动作要领，3次云手后右脚落实，身体重心坐于右腿，右脚脚尖内扣90°左右，身体转向正南，双掌合抱于胸前。

第五十七式：单鞭

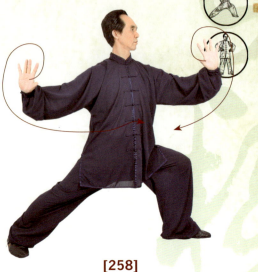

[256].

[257].

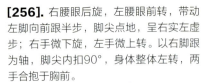

[258].

[256]. 右腰眼后旋，左腰眼前转，带动左脚向前跟半步，脚尖点地，呈右实左虚步；右手微下旋，左手微上转。以右脚跟为轴，脚尖内扣90°，身体整体左转，两手合抱于胸前。

[257]. 上身不变，左脚向左平移半步，脚跟先着地，重心仍在右腿。

[258]. 右脚跟蹬地，推动身体重心慢慢移向左腿，呈左弓步，同时左右手向两边分开，目视左手方向。

第五十八式：下势

[259].

[259]. 身体重心后移向右腿屈膝下蹲，呈右弓步，右手向左前方画弧下按，双掌同时向下，向外，向右后方画弧捋带，目视双掌方向。

师傅指路：
　　重心后移，上身挺直，以腰胯向右旋转，百会穴仍要虚灵顶劲，双掌退中有进之意。

第五十九式：左更鸡独立

[260]

[261]

[260]. 以脊椎为轴，右脚蹬地推动身体重心前移，左胯后撤，右胯前推。身体向左转，左手竖腕坐掌位于左肩前方。右手掌心向下位于右胯外侧。

[261]. 重心移向左腿，右脚向前跟步，呈左实右虚步，右手掌心向外有上托之意，左手有下按之感。

[262]

[262]. 身体微下蹲，右手掌心斜向上托，位于右肩前上侧。同时右膝盖向上抬起，脚尖绷直。左手掌心下按，位于左胯下外侧，左腿蹬地呈独立式，目视右手掌方向。

错误动作

错误原因： 右手掌向左；左腿太直，右脚上钩。

第六十式：右更鸡独立

[263]　　　　[264]

[263~264]. 右脚下落位于左脚后内侧，重心后移变为实脚，同时右手向下画弧，掌心下按，五指向前，位于右胯外侧，左手掌上抬掌心向外。

[265]

[265]. 右脚蹬地，左手掌与左膝同时抬起，掌心斜向上，位于左肩前侧有上托之意。左腿提膝，膝盖有上顶之意，脚尖绷直有外踢之念，目视左手掌方向。

师傅指路：
　　左右手上下对拉拔长，左手上托，右手下按，左膝盖外顶，脚尖有前踢之意，起落时保持重心平稳，脚五趾抓地，上身不可左右摆动。用意于托对方下巴咽喉，膝盖脚尖顶挑裆部。

第六十一式：倒撵猴（一）

[266]　　　[267]　　　[268]

[266~268]. 左脚落下向后撤步，右手竖腕坐掌位于右肩前上侧，左手向下画弧，位于左腹前上侧，掌心向下；同时右脚跟拧地，脚尖内扣135°左右，身体随之向左后方转动。腰、胯、肩、膝部同时向左旋转，左脚尖点地，脚跟内旋。接着，左脚向前迈步，脚跟着地、脚尖跷起，两掌有前推、后带之意。

[269]

[269]. 左手横手掌、右手竖侧掌在胸前，右脚跟蹬地推动身体重心前移，呈左弓步，两手臂同时有外推之意。目视右手掌前方向。

Taiji

第六十一式：倒撵猴（二）

[270~271]. 左腰眼微微后撤，带动右脚前移，脚尖点地，呈左实右虚步；同时两手上下互换，右手在胸前，掌心向下，手指向左，左手竖腕坐掌，位于左胸前。接着，右虚脚向后撤半步，呈后交叉步。

[270]

[271]

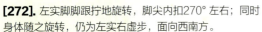

[272]

[273]

[274]

[272]. 左实脚脚跟拧地旋转，脚尖内扣270°左右；同时身体随之旋转，仍为左实右虚步，面向西南方。

[273~274]. 右脚向前迈步，脚跟着地、脚尖跷起；接着，左脚跟蹬地推动身体重心前移，呈右弓步，两手基本不变，目视左手方向。

第六十一式：倒撵猴（三）

[275]   [276]   [277]

[275~277]. 右腰眼微微后撤，带动左脚前移，脚尖点地；同时两手上下互换，左虚脚向后撤半步，呈交叉步，右实脚脚跟拧地旋转，脚尖内扣270°左右，身体随之旋转，仍为右实左虚步。目视左手方向。

[278]   [279]

[278~279]. 双臂基本不变，左脚向前迈步，脚跟着地，然后右脚跟蹬地推动身体重心前移，呈左弓步。

第六十一式：倒撵猴（四）

[280~281]. 左腰眼微微后撤，带动右脚前移，脚尖点地，呈左实右虚步；同时两手上下互换，右手在胸前，掌心向下，手指向左，左手竖腕坐掌，位于左胸前。接着，右虚腿向后撤半步，呈交叉步。

[280]　　　　**[281]**

[282]

[283]

[284]

[282]. 左实脚脚跟拧地旋转，脚尖内扣270°左右，同时身体随之旋转，为左实右虚步，面向西南方。

[283~284]. 右脚向前迈步，脚跟着地、脚尖跷起，接着左脚跟蹬地推动身体重心前移，呈右弓步，两手基本不变，目视左手方向。

第六十二式：右手挥琵琶

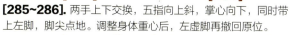

[285]　　　　　　[286]　　　　　　　　　[287]

[285~286]. 两手上下交换，五指向上斜，掌心向下，同时带上左脚，脚尖点地。调整身体重心后，左虚脚再撤回原位。

[287]. 两手掌向斜后方下带外捋，整体腰部向左转，带回右脚，脚尖点地，呈左实右虚步，目视前方（西南方）。

第六十三式：白鹤亮翅

[288]　　　　　　　　[289]　　　　[290]

[288]. 两手掌上下交换，右手向上画弧，掌心向外，五指向左，位于额头前上方30厘米左右处。左手竖腕坐掌，五指向上，位于左胸前30~40厘米处，此时身体重心在左腿，仍为左实右虚步，目视左手掌方向。

[289~290]. 右脚向前方迈出一步，脚跟着地，接着左脚跟蹬地推动身体重心慢慢前移，右脚掌慢慢踏平，呈右弓步，目视正前方。

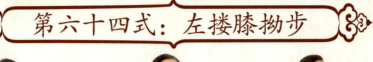

第六十四式：左搂膝拗步

[291]

[292]

[293]

[291~293]. 右腰眼微微后撤，双手向下移，同时身体重心移向右腿，右实脚脚跟拧地，脚尖内扣120°左右，左虚脚脚跟随内旋，身体转向正东方，呈右实左虚步。左手位于左胯前外侧，掌心向下，五指斜向前，右手竖腕坐掌于右肩前侧，目视正东方。

[294]

[294]. 左脚向前迈步，脚跟着地，左手掌在左胯前外侧，右手在右肩前，由右脚跟蹬地推动身体重心前移呈左弓步，右掌前推，目视右手掌方向（正东方向）。

第六十五式：左手挥琵琶

[295]. 身体重心移向左脚，同时左手上抬下按，回捋在胸前，而后再将右脚向前跟步，位于左脚后内侧。

[295]

师傅指路：
要以腰胯之劲，双掌有捋带回转之意。

[296]. 右脚随即再撤回原位。腰胯由左向右旋转，带动双手外捋、下按、回带，重心后移由左腿转向右腿，目视双掌方向。

[296]

第六十六式：按势

[297]. 右实脚脚跟拧地，脚尖内扣，左脚脚尖点地微向前，与肩同宽；右手竖腕坐掌位于胸前，左手五指向后，掌心向上，位于左胯外侧，目视右手方向。

[297]

[298]　　[298] 正面

[298]. 双腿屈膝下蹲，右腿实，左腿虚，左脚尖点地，右手斜竖侧掌，掌心向左，下按。左手在左胯外侧，手指向后，手心向上。头要挺直，目视斜下方。

第六十七式：青龙出水

[299]

[300]

[301]

[299]. 右脚蹬地推动身体上起，左手指向上，掌心向前，位于左肩前侧；右手横侧掌，手指向左，掌心向斜前方，位于额头前上侧，与额头保持一掌之距，目视左手方向。

[300]. 两手基本不动，左虚脚向前迈一步，脚跟着地。

[301]. 右脚跟蹬地推动身体重心前移，呈左弓步。

[302]

[303]

[304]

[302~303]. 两脚跟同时由左向右拧转，左脚脚尖内扣，右脚尖外摆120°左右，身体由面向东方转向西方，身转180°左右。

[304]. 左脚蹬地，推动身体重心由左腿移向右腿，呈右弓步，两手掌在额头上方画大弧形，由左向右，目视右手方向。

第六十八式：三涌背

[305]　　　　　　　[306]

[307]　　　　　　　[308]

[305~306]. 右腰眼微后撤，带动右腿后撤半步，脚尖点地，同时，两手由上向下画弧，掌心向下，从上到下于胸前，随后右虚脚再向后撤半步。

[307~308]. 左腰眼微后撤，带回左脚，脚尖点地，为右实左虚步。以腰胯旋转带动双脚左右变化。

[309]　　　　　　　[310]

[311]

[309~310]. 调整身体重心后，左脚再向前迈出，脚跟着地，然后右腿蹬地，推动身体重心前移呈左弓步，两手掌同时画弧前推，目视手指方向。

[311]. 左腰眼微后撤，右腰眼前推，带动右脚前跟步，脚尖点地，同时两手掌上下交换，有外带、下按之意。

武氏太极拳全典——下卷

[312~313]. 双掌基本保持不变，随后右虚脚向右前方迈步，脚跟着地，左脚跟蹬地推动身体重心前移，再呈右弓步，目视右手方向。

[312]　[313]

第六十九式：单鞭

[314]　[315]　[316]　[317]

[314~315]. 右腰眼后旋，左腰眼前转，带动左脚向前跟半步，脚尖点地，呈右实左虚步；右手微下旋，左手微上转。接着，以右脚跟为轴，脚尖内扣45°，身体左转，两手合抱于胸前。

[316~317]. 上身不变，左脚向左平移半步，脚跟先着地，重心仍在右腿。右脚跟蹬地，推动身体重心慢慢移向左腿，同时左右手向两边分开，呈左弓步，目视左手方向。

第七十式：云手（一）

[318]. 右手基本不变，右腰眼微后撤，重心移向右腿，同时左手由上向下画弧，掌心向下，位于腹部前侧。

[318]

[319]. 左脚带回右脚内侧，脚尖点地，两脚之间保持有一脚之距，左手再向上画弧至胸前，竖腕坐掌，掌心斜向外。右手向下画弧位于小腹前，掌心向上。双掌合抱于胸前。

[319]

[320]

[320]. 左腿前迈一步，右脚蹬地，推动身体重心前移上拔，呈左弓步，双手掌向斜上方撑劲，目视左手方向。

[321]

[322]

[321~322]. 两掌上下交换，左手向下画弧至腹前，掌心向上，右手向上画弧微高于右肩。同时左脚尖内扣135°左右，脚跟拧地整体向右旋转，右虚脚回收，并有上拔之意。目视右手方向。

第七十式：云手（二）

[323~324]. 两手掌上下交换，同时两腿虚实交换。腰向左转，左脚向左前方迈步，然后右脚跟蹬地推动身体重心前移，呈左弓步。

[323]

[324]

[325]

[326]

[327]

[325]. 两手上下互换，重心位于左腿。左脚跟拧地，脚尖内扣，带动身体向右旋转。目光平视右手上方。

[326]. 右实脚脚尖内扣120°左右，身体随之旋转。右脚跟蹬地推动身体劲路上拔，劲路走向左手臂，有上掤之意。

[327]. 重心由左腿慢慢移向右腿，同时双掌上下交换，右手上斜侧掌位于右肩前。左手位于小腹前，掌心向上。此云手同30式重复3次。

第七十一式：单鞭

[328]

[328]. 右腰眼后旋，左腰眼前转，带动左脚向前跟半步，脚尖点地，呈右实左虚步；右手微下旋，左手微上转。

[329]

[329]. 以右脚跟为轴，脚尖内扣45°，带动身体左转，两手竖腕坐掌，合抱于胸前。仍为右实左虚步。

[330]

[330]. 上身不变，左脚向左平移半步，脚跟先着地，重心仍在右腿。双掌有左右分开之感。

[331]

[331]. 右脚跟蹬地，推动身体重心慢慢移向左腿，呈左弓步，同时左右手向两边分开，目视左手方向。

第七十二式：提手上势

[332]. 左手基本不变，腰向左转，带动右手向下画弧，位于右小腹前，掌心向下，五指向前。

[332]

[333]. 身体重心前移，带动右脚向左前方跟步，脚尖点地。重心位于左腿，呈左实右虚步。左手上撩，右手有下按之意。目光平视前方。

[333]

第七十三式：高探马

[334]

[335]

[334~335]. 上身基本不变，右手翻掌，掌心向上，手指斜向前，位于腹部前侧。右脚向左前45°方向（东南方）迈步，脚跟先着地、脚尖跷起。左手掌心向前，手指向上，位于左胸前侧。随后左脚跟蹬地，推动身体重心前移，呈右弓步，目视左手掌前方向。

第七十九式：下势

[354]. 身体重心后移，右腿屈膝下蹲，呈右弓箭步，右手向左前方画弧下按，双掌同时向下、向外、向右后方画弧捋带，目视双掌方向。

师傅指路：
身体后坐时，要求上身脊椎竖直，不可低头撅臀，有捋按对方双臂之意。

[354]

第八十式：上步七星

[355]

[356]

[357]

[355]. 右脚蹬地推动身体重心移向左腿。腰向左旋转，左手在胸前上侧，掌心向右五指向上。面向正东方。

[356~357]. 左腰眼后撤，右腰眼前推，重心从右腿慢慢移向左腿，同时右手掌向上画弧位于左手外侧，呈十字交叉状。右脚同时前跟步，脚尖点地，位于左脚后内侧，两脚之间有一脚之距，左腿实、右腿虚，屈膝下蹲，目视双掌中前方。

师傅指路：
意念为双掌架挡对方打来之拳并回旋拧拿转其手腕。

第八十一式：退步跨虎

[358]　　**[359]**

[358~359]. 右脚向右后方撤大步，重心后移变实腿，同时双手由掌变拳。右拳向下再向上画弧，拳心向外位于右耳外侧。左拳向下拉位于左胯外侧，拳心向外。同时左脚随重心后移再撤半步，脚尖点地，仍为右实左虚步，目视正前方（东南方）。

师傅指路：
　　左右拳形成上下对拉劲，脊椎骨上顶拔长，百会穴上顶，双腿不可直立。周身蓄而待发。

第八十二式：转身摆莲

[360]　　**[361]**　　**[362]**

[360~361]. 身体重心在右腿，左脚脚尖绷直提起，全身蓄劲，双拳变掌，以右脚跟变脚尖拧地为轴，由左向右旋转360°。左腿一圈扫堂后迅速变为实腿落地。

[362]. 左腿落实后，右虚脚快速上提由左向右摆莲脚。双掌同时拍打右脚面呈十字交叉状。拍打后右脚落向右前方（西南方）。目视东南方向。

师傅指路：
　　右脚从左向右上方扫堂摆莲脚，双掌拍打右脚面劲力要猛，落步要沉稳，干净利落，好似秋风扫落叶。

第八十三式：弯弓射虎

[363]　　　　　　　　　　　**[364]**

[363~364]. 右脚先以脚跟着地。双掌拍打后变拳，位于胸前，左实脚蹬地变为右弓步。右拳拳心向内，拳眼向上向后拉，位于右肩上侧。左拳拳心向内拳背外击，双拳同时左右对拉。好似拉弓射箭形状，目视左拳头方向（东南方）。

师傅指路：
　　双拳对拉时两肩松沉有力，左胯劲上传左拳头，右胯劲后拉右拳，肩与胯合体会内劲。左拳有击打对方胸部之感。

第八十四式：上步双抱捶

[365~366]. 右腰眼微后撤向下沉劲，带动双拳向右旋转位于胸前，随后重心移向右腿，带上左脚向前跟步，脚尖点地。

[365]　　　　[366]

[367]　　　　[368]　　　　[369]

[367~368]. 调整身体重心后，左脚再向左前方迈步，脚跟先着地，右脚跟蹬地推动身体重心前移，同时右拳向前慢慢冲出，右腿实变左腿实。右拳在左拳下外画弧。

[369]. 当右拳绕到左拳上侧时同时腰向左转，带上右脚脚尖点地位于左脚后内侧。目视双拳方向。

师傅指路：
　　双拳上架螺旋拧劲要用腰胯推动。解脱对方擒拿腕手并击打对方胸部。

第八十五式：手挥琵琶势

[370]　　　　　[371]

[370~371]. 当右拳旋转过左拳上侧时，两拳变掌，回捋、外带。双手斜侧掌回抱于胸前，右虚脚向后撤回原位，腰微右转，带动双手掌右捋，重心后移向右腿，目视双手掌方向。

师傅指路：
　　身体后撤双掌回捋、下按、外带，避开自身的中心线。

第八十六式：收势

[372]　　　　　[373]　　　　　[374]

[372~373]. 重心移到右脚时再带回左脚于与肩同宽之位置，双手向两边画小立圆向下按，五指向前，掌心向下。腋下虚空呈无极桩式。

[374]. 稍调息片刻，左脚向右脚收回原位，双脚自然并立于与起势相同的位置。目光平视正前方。

师傅指路：
　　收势与起势相同，意贯双掌下按，气沉两脚涌泉穴，平心静气调息、调气、调意，气归丹田。收势应回到起势的原位。

第三章

武氏太极拳二路炮捶

武氏太极拳的二路炮捶是在一路中捋架及桩功的基础上发展形成的秘传古老实战套路，其特点为：快慢相间、蹦跳蹿跃、拳打脚踢、爆发点穴、外家拳招法、内家拳劲法、连环并用。它的主要作用为技击，具有十分强大的攻击性。

武氏太极拳前辈曾说过："一定要在具备几年的中捋架基础后，再练习二路炮捶的动作。"二路炮捶的练习者能将虚实开合、动静结合的原理，理解得更加透彻，具备更高深的太极拳与敌实战的应用。

第一式：预备势

[1]

[2]

[1~2]. 身体自然立正，两足并立，两膝微屈勿挺，两臂松垂于身体两侧，而后左脚向左平移半步与肩同宽，同时双掌画小立圆后掌心向下按，五指向前，位于身体两胯侧，意贯掌跟及全身，目光平视正南方。

师傅指路：

　　体态自然中正安舒，精神专注，排除杂念。身法做到：含胸拔背，松肩沉肘，裹裆护肫，气沉丹田，腹部充实，意贯腰间，命门后撑等，以后每式都应做到此要求。意念专注眼前人向我进攻。

第二式：左懒扎衣

[3]

[3]. 左脚向内收回半步脚尖点地，身体下蹲蓄劲，呈右实左虚步，同时双手上抬竖腕坐掌，右手低位于右胸前，距胸部一掌之距，左手高位于左胸前侧，距左肩两掌。

师傅指路：
　　右脚蹬地快速，劲路传向腰胯，推动身体前进，双掌发劲，要做到内外三合一，意到、身到、手到、脚到、气到、劲到。步大、速度快，有将对方推倒在地3米开外之意，有排山倒海之气势。

[4]　　　　[5]　　　　[6]

[4~6]. 左脚抬起，向左前方快速迈步，右脚跟急速蹬地，并快速向前跟一步，身体整体前进双掌同时向前推出，目视左手东南方向。

第三式：右懒扎衣

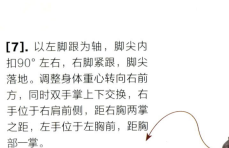

[7]. 以左脚跟为轴，脚尖内扣90°左右，右脚紧跟，脚尖落地。调整身体重心转向右前方，同时双手掌上下交换，右手位于右肩前侧，距右胸两掌之距，左手位于左胸前，距胸部一掌。

[7]

师傅指路：
　　与第二式左懒扎衣相同，唯方向相差90°。

[8]　　　　　　**[9]**　　　　　　**[10]**

[8~10]. 双掌保持原状，左脚蹬地，右虚脚抬起向前快速迈步，左脚跟猛速蹬地推动身体前移并急速跟步前进，目视右手掌方向（即西南方）。

第四式：单鞭

[11]

[12]

[13]

师傅指路：
　　劲路由右脚跟蹬地快速上拔，通腿、腰、肩、肘，发于双掌。要快速有力，整体向外爆发。脊椎一定要挺直才能整劲爆发。

[11~13]. 以右脚跟为轴，脚尖内扣90°左右，身体面向正前方，双掌合抱胸前，五指向上，而后左脚向左平移半步，右脚跟快速蹬地，推动身体重心移向左腿呈左弓步。同时双掌快速左右分开，劲贯双掌根，目视左手方向。

第五式：上践步

[14]　　　　　　　[15]　　　　　　　[16]

[14~16]. 重心后坐在右腿蓄劲。同时双掌变双拳，拳心向内位于两肋外侧。右脚用力蹬地向正东方跳起，右脚向左脚前方震脚，践步带动左脚再向前迈一步，双拳前后展开。

[17]　　　　　　　[18]　　　　　　　[19]

[17~19]. 紧接右脚再向前快速进步，脚尖微向里钩。同时右拳大拇指凸出（横凸拳）向前上方画弧钩拳，以右腰胯旋转来带动右拳。目视正东方。

师傅指路：
　　双脚跳起速度要快。右拳、右脚同时快速前进，右拳拇指太骨空穴击打对方哑穴、风府穴。

第六式：固心炮

[20]

[21]

师傅指路：

右拳回钩时，以右腰胯回带。左拳上旋外冲时，要以左腰胯来推出，动作快、猛，有力击打对方要害穴位。

[20]. 两脚不动，腰胯带动右拳向内回钩再向下旋转后，拳背向外击打。左拳拳心向内拳眼向上同时打击，意念击打对方下颌的廉泉穴。

[21]. 随即右拳拳背向外击出，打对方膻中穴，同时左拳拳眼向上抬起打对方下颌，腰胯带动呈右弓步，目视右拳方向。

第七式：前蹚拗步

[22]

[23]

[24]

师傅指路：

右脚盖步要快，右脚掌猛踩踩对方脚面，并有肩靠对方胸部之意。

[22]. 左脚再向前迈一大步，脚尖内钩，同时身体转向正南方，两拳在胸前合抱。

[23~24]. 右脚再快速盖步（前交叉步）位于左脚外侧。双手由拳变掌，掌心向下，位于身体右侧。目视左肩尖方向。

第八式：回头披身

[25]　　　　　　　　　　　　[26]

[25~26]. 左脚向左侧快速迈一大步。右脚蹬地，重心从右向左快速转移。
左肩左肘有靠击对方之意，双手掌心向下由右向左画弧摆动。

[27]　　　　　　　　　　　　[28]

[27~28]. 当重心移到左腿后，再由左脚蹬地推动重心移向右腿。右肩右肘有靠
击对方之意。双手掌心向下，再由左向右摆动画弧，目视双手掌方向。

师傅指路：
　　左肩靠击时，由右脚蹬地劲
路上传到左肩尖。右肩靠击时，
由左脚蹬地劲路上传到右肩尖部，
动作猛、劲路整。双手掌的摆动
由腰劲推动，似风吹杨柳之感。

第九式：翻身指裆

[29]　　　　[30]　　　　[31]　　　　[32]

[29~30]. 双脚未动，左手由下向上画弧，翻掌向外转，位于左肩前上侧。右手掌心向下按，位于右胯外侧。同时右脚跟蹬地，推动身体重心移向左腿呈左弓步。

[31~32]. 而后周身蓄劲，右手变拳，拳心向内放于右腰间。身体向右方后转，双脚猛蹬地腾空跳起，向后旋转180°，左手拇指压住无名指与小指，呈二指禅状。

[33]　　　　[33] 正面　　　　[34]

师傅指路：

蓄劲要猛，翻身速度要快，冲拳有力，如似猛虎下山之势。左手指有扣挖对方双眼与锁喉之意，右拳击打对方裆部。

[33~34]. 双脚落地后呈左弓步，左手两指分开指向前方，右手握拳，拳心向上，拳眼向外，位于腰间。接着，左手变掌掌心向下，向左腰间画弧。右拳与右脚同时向前迈步击打，右拳拳心向右，呈右弓步。目视右拳方向。

第十式：拈手

师傅指路：
　　左手上掤之劲为右腿蹬力上传，并上下双掌对拉。左手有外撩上掤对方腋下之意念。右手有抓按对方手腕之意。

[35]. 左脚向前跟步，脚尖点地，呈右实左虚步。左手在下掌心向上，位于腹部前侧。右手在上，掌心向下位于胸部前侧。双掌上下合抱球状。

[35]

[36]

[37]

[37] 正面

[36~37]. 左虚脚再向前迈步，同时，左手掌上掤，位于左肩前侧，掌心向内。右手掌下按于右胯旁，掌心向下，右脚跟蹬地，左腿弓步，目视左手掌方向。

第十一式：右翻身舞袖

[38]

[39]

[38~39]. 右脚向前迈步，脚尖跷起内扣，同时带动右手掌心向上旋转。左手掌心向下，置于小腹前。而后重心移向右腿，身体由右向左旋转180°面向东方。

[40]

[41]

[42]

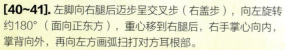

[40~41]. 左脚向右腿后迈步呈交叉步（右盖步），向左旋转约180°（面向正东方），重心移到右腿后，右手掌心向内，掌背向外，再向左方画弧扫打对方耳根部。

[42]. 左脚跟蹬地推动身体重心前移呈右弓步。右手掌心快速翻转，掌心向外，打击对方面部，左掌心下按位于左胯外侧，目视右手掌方向。

第十二式：左翻身舞袖

[43]　　　[44]　　　[45]

[43~45]. 身体重心后移向左腿，右脚再后撤一大步，右掌同时后移，掌心向下按至右胯外侧。左手掌心向内掌背向外，再向右扫打。目视左手掌方向。

师傅指路：

右脚蹬地上拔之劲传到左掌根部，左手上旋外翻掌要快、猛，意念为手背扫对方耳门，翻掌掌根击打对方面门的水沟、承浆穴。

[46]　　　[47]　　　[48]　　　[49]

[46~49]. 身体重心移到右腿后，右脚跟快速蹬地，推动身体前移，左脚微向前迈步，同时左手掌快速外翻，向外推掌，呈左弓步，目视左手掌方向。

第十三式：演手

[50]

[51]

师傅指路：
　　意念为左手握住对方手腕，中指扣住对方大陵穴，右拳大拇指紧压住中指甲盖以中指节（中魁穴）击打对方的内关穴、间使穴，要用上周身腰劲击打。

[52]

[53]

[53] 正面

[50~53]. 左手掌五指向上外旋转变握拳，而后右脚上一步，同时右手由掌变拳，且大拇指紧握中指尖端外关节（中魁穴）凸出处，左脚蹬地左腰眼后撤，右胯前推，右拳向下打出，目视双拳方向。

第十四式：腰拦肘

[54]　　　　　　　　　　　　　　[54] 正面

师傅指路：
　　左掌顶紧右拳，左脚用力蹬地劲上传右肘尖。整体撞击对方胸部。

[54]. 左腿蹬地推动身体重心前移呈右腿弓步。左拳变掌，五指向上，掌心紧顶住右拳四指的八邪穴，用右肘尖向外顶击对方膻中穴。

第十五式：大红拳

[55]　　　　　　　　　　[56]　　　　　　　　　　[57]

师傅指路：
　　右踢脚脚尖绷直，速度要快。左右拳打击速度要快，左右拳翻掌劲力要猛，要用后腿腰胯劲力上传到对方的要害穴位。可以左右双方向练习大红拳。

[55~57]. 身体重心后撤，右拳右脚猛速上抬，右拳拳心向内与眼平齐，右脚尖绷直上踢对方裆部，随即右拳变掌向前击打对方面部的承浆穴、水沟穴。目视右手掌方向（正东方）。

第十六式：玉女穿梭

[58]

[59]

师傅指路：
　　左手与左膝方向一致，右手与右膝方向一致，要以腰胯的劲快速传向五指手尖，意贯双掌五指横插入对方肋部的期门穴、日月穴、腹哀穴。

[58~59]. 右手掌伸直五指向前往回带，左手掌向前上方穿插，同时左脚跟步点地后，又快速前进一步，呈左弓步，左掌、左脚同时向前冲出，目视左手方向。

[60]

[61]

[62]

[60~62]. 左手掌往回拉带于胸前，右手掌五指撑开向前与右脚方向一致向前插出。左腿蹬地呈右弓步，目视右手五指方向。

武氏太极拳全典——下卷

第十七式：倒骑龙

[63]　　　　　[64]　　　　　[65]

[63~65]. 左腿向前上步两掌变拳，周身向下蓄劲。双脚猛蹬地腾空，由左方向右后方跳
起旋转180°。双拳在空中互相对应，上下击打。

[66]

[66]. 落地后呈右弓步，右拳在上，左拳在下。右拳击打对方头
部的听宫穴、太阳穴；左拳击打对方肋部的腹哀穴、章门穴。

师傅指路：
　　跳跃要快，落地要稳，
左右两边拳头同时向中心
线击打。

第十八式：左裹边肘

师傅指路：
右肘尖旋转顶击对方胸部的鸠尾穴、膻中穴。

[67]

[68]

[69]

[67~68]. 双拳变掌，掌心向外，重心移向右脚，而后左脚跟向右脚内侧，脚尖点地，呈右实左虚步。左掌托住右拳，抱于腹前。

[69]. 随即左脚落实脚尖外摆。右脚再向前迈一大步，呈右弓步，左手五指向上，掌心紧顶右手拳头，右肘尖向前顶出，目视右肘尖方向。

第十九式：右裹边肘

师傅指路：
右脚蹬地之劲由腰部传向左肘尖，动作要快、猛。

[70]

[71]

[70]. 右脚跟拧地，脚尖外摆60°左右，身体重心移向右腿，左脚向前跟半步，两腿实虚交换，随即右拳变掌，五指向上，掌心紧紧托住左拳，拳心向下。

[71]. 身体旋转180°，右脚蹬地左腿弓步，左肘尖外顶击对方膻中穴，目视左肘尖方向。

第二十式：收身

[72]

师傅指路：
　　快速向后收身站稳为蓄劲，为下式进攻做准备。

[72]. 身体重心猛蓄劲跳起向后旋转180°。后退一步左腿落实，右手握拳，拳心向外，位于左耳外侧，左手握拳拳心向外，位于右胯外侧。

第二十一式：兽头势

[73]

[74]

[73~74]. 双脚猛速蹬地，身体腾空跳起，双拳左右展开，在空中向内合击。双脚落地后，呈马步桩，面向西南方。右拳在上击打对方天容穴，左拳在下击打对方肋部章门穴、期门穴。目视双拳中间方向。

师傅指路：
　　双脚腾空离地要猛、快、整。落地要稳，双拳同时合击对打不离对方中线。

第二十二式：披架子（一）

[75]. 双手由拳变掌，上下旋转右手在下，左手在上。

[76~77]. 而后左手掌左脚快速向西南方迈出，右腿蹬地呈左弓步。左手五指向前插出，右手掌心向内，位于腹部，目视左手方向。

[75]

[76]

[77]

第二十二式：披架子（二）

师傅指路：
　　左脚、左掌同时快速进攻插出，左手掌伸直贯劲插对方肋部腹哀穴、大横穴。

[78]. 右脚向前跟步，脚尖点地，位于左脚内侧，呈左实右虚步，右手向上旋，左手向下按。

[79]. 双手上下快速交换，右手由左手里侧向外快速旋转插出，同时，右脚快速迈出呈右弓步，右脚与右手掌方向一致，目视右手指尖方向。

[78]

[79]

第二十二式：披架子（三）

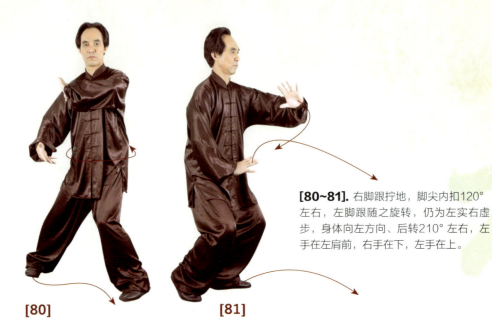

[80]

[81]

[80~81]. 右脚跟拧地，脚尖内扣120°
左右，左脚跟随之旋转，仍为左实右虚
步，身体向左方向、后转210°左右，左
手在左肩前，右手在下，左手在上。

[82]

[83]

[83] 正面

[82~83]. 右手掌由下而上再斜向下插出，右脚同时向东南方快速迈步，呈右腿弓步，目
视右手掌方向。

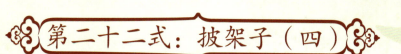

第二十二式：披架子（四）

[84]

[85]

[84~85]. 左脚向前跟步，脚尖点地，随即左虚脚再向东北方快速迈步，右脚蹬地呈左弓步。同时左手掌五指向前插出，左手与左脚方向一致，右手掌心向内，五指向左，位于左臂内侧，目视左手五指方向（东北方向）。

师傅指路：

披架子分四个方向：一、东南方；二、西南方；三、东北方；四、西北方，手脚方向一致，快速插击对方章门、腹哀、期门、大横等穴位。四角变化多端。

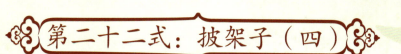

 第三章 武氏太极拳二路炮捶

 Taiji

· 177 ·

第二十三式：伏虎势

[86~87]. 双掌变拳，右拳向上画弧，左拳向下画弧，右脚向前迈步，左脚紧跟上步。双腿屈膝下蹲。

[86]

[87]

[88]

[88] 正面

[88]. 屈膝下蹲呈右实左虚步，左拳打击对方阴部（曲骨穴），右拳位于额头上侧拳心向外。目视双拳间方向。

师傅指路：
　　意念为右拳拦挡对方拳头，左拳击打对方下阴部，要快速有力。

第二十四式：演手

[89]

[90]

[89~90]. 右脚蹬地起身，重心在右腿，双拳变掌，重心由右腿再移向左腿，呈左弓步，左手掌在左肩前上侧向外，位于左肩前侧，右手掌心向上，置于腹部前侧，腰胯向左旋转，目视左手肘方向。

第二十五式：黄龙三搅水（一）

[91]

[91]. 右脚向前跟步，脚尖点地，仍是左实右虚步，双手掌上下交换，左手位于左腹前，掌心向上，右手置于右肩前上侧，掌心斜向外。

[92]

[93]

[92~93]. 双手基本保持不变右脚再向右前方迈步，左脚蹬地推动身体重心前移并向右转腰，呈右弓步，目视右手方向。

第二十五式：黄龙三搅水（二）

[94~96]. 左脚再向右脚内侧跟步，脚尖点地，仍为右实左虚，双掌上下交换，左脚再向左前方迈步，而后右脚蹬地推动身体重心移向左腿呈左弓步，目视左手方向。

[94]　　　　[95]　　　　[96]

第二十五式：黄龙三搅水（三）

师傅指路：
　　此式3个动作，两个角度，意念为左右掌上撩对方腋下（渊液穴、极泉穴）。后脚蹬地之劲上传至前手左右旋转。

[97~98]. 重心移到左腿，右脚再前跟半步，脚尖点地，随后再向前迈一步。腰胯向右旋转呈右弓步，右手掌掌心向外，高于右肩前上侧，左手在腹前掌心向上。目视右手方向。

[97]　　　　[98]

第二十六式：左冲

[99]. 左脚向前再跟步，脚尖点地，仍是右实左虚步。左掌变拳，拳心向上位于腰间。右掌在右肩前，掌心向外。

[99]

[100]. 左拳、左脚同时向左前方快速冲击，右掌快速由上而下后拉、下按，五指向前，位于右胯外侧。左拳拳心向上击打对方上腕穴、中腕穴。目视左拳方向。

[100]

第二十七式：右冲

师傅指路：
　　左脚蹬地劲达右拳，右脚蹬地劲达左拳，动作要快、猛。上身要挺直。

[101]

[102]

[101]. 左拳变掌掌心向下，右掌变拳拳心向上，同时右脚前跟半步，脚尖微点地。

[102]. 而后右拳、右脚同时向右前方快速冲击，呈右弓步。腰胯旋转快速冲击对方腹哀穴、日月穴。目视右拳方向。

武氏太极拳全典——下卷

第二十八式：演手扫堂

[103]

[104]

[103~104]. 重心后移向左腿，右拳变掌，双掌掌心向下。而后左脚快速蹬地重心再移向右腿，同时双掌向左摆动后带动左脚离地再向右摆动。

[105]

[105]. 重心全坐在右腿，以右脚跟为轴拧地。左脚尖绷直离地扫堂，身体由左向右方旋转360°，目视双掌方向。

师傅指路：
　　双手掌与左脚整体快速旋转有将对方扫倒之意，似秋风扫落叶之势。

第二十九式：演手全炮捶

[106]

[106]. 转一周后身体重心仍在右腿。面向左手方向，左手竖腕坐掌位于胸腹前。右手握拳位于右胯侧，拳心向左，拳眼向上。

[107]

[108]

[107~108]. 而后右脚蹬地重心前移快速向前迈一大步呈右弓步，同时冲右拳，拳眼向上。意念击打对方裆部。

[109]

[109]. 右脚再迅速撤回原位，重心再移向右腿。左脚随之收回，脚尖点地。双手变掌，掌心向下。

[110]

[111]

[110~111]. 左腿屈膝抬起脚尖回钩，双掌协调配合内收。左脚向外猛地铲出，同时左右双掌向外推出，目视左脚方向。

师傅指路：
　　动作要快、猛，重心要稳定。左脚外沿踢铲对方小腿髌骨，并配合丹田气发声："哈！"

Taiji

第三十式：倒扎左耳红

[112]

[113]

[112~113]. 铲出后左脚向前落步，右脚蹬地再向前跟步，脚尖点地。右手握拳由身体后侧向前带，位于右胯侧，左手掌心向前，位于左肩前侧。

[114]

[114]. 右拳向前上方画一大弧快速向后旋转，同时带动腰快速向后转右腿弓步，右拳拳心向内，拳背向外，左手掌心下按，五指向前，位于左胯外侧，目视右拳方向。

师傅指路：
　　向前抢拳跟步为蓄劲，猛向后击出，发劲要快、猛，击打对方左耳门、面门。

第三十一式：倒扎右耳红

[115]

[116]

[117]

[115]. 重心后移向左腿，右腿回撤半步，右拳随身体下落，右脚尖点地。呈左实右虚步。

[116~117]. 随后右腿再后撤一步，左脚尖大幅度内扣，右脚尖外摆，身体向右旋转。左手由掌变拳，右手由拳变掌位于右胯侧，掌心向下，呈右腿弓步。

[118]

[119]

[118]. 腰向右转带动左脚前跟步，脚尖点地，呈右实左虚步。同时左拳前带。

[119]. 身体快速向左后转180°，左拳由前上方向后方抡打击出，左拳拳心向内，拳背向外击向对方耳门、面门。右手掌心向下按，位于右胯前侧，右腿蹬地左腿弓步，目视左拳方向。

师傅指路：
　　左拳击打对方右耳门、面门，转身要猛、快。配合丹田发声："嗨！"

第三十二式：演手变势（一）

[120]

[121]

师傅指路：
　　意念为双手臂内外翻转，缠绕对方双手臂，双臂旋转要撑圆与腰胯紧密配合。

[120]. 腰胯向左旋转，左掌变拳，右手向前画弧，双掌心向内，五指向上位于胸前位置。

[121]. 双掌由内再向下外翻转推出，同时双臂由内向外螺旋翻转，目视双掌方向。

第三十二式：演手变势（二）

[122]　　　　[122] **正面**

[123]

[122]. 腰胯微向左旋转，右脚向前跟步，脚尖点地，双掌下按，五指撑开，手腕旋转。

[123]. 右脚再向前迈步，而后左脚蹬地，右腿弓步，同时双掌向外翻转推出。整个动作过程中注意松肩沉肘，双臂弯曲不可伸直。

第三十二式：演手变势（三）

师傅指路：
　　此式进步动作要沉稳、均匀、慢速，双臂缠绕要松沉螺旋。

[124]　　　　　　　　　[125]　　　　　　　　　[126]

[124~126]. 腰胯微向右转，重心移向右腿，左脚向前跟步，脚尖点地后再向前迈一步呈左弓步。双掌向内再向外旋转，即掌心由内向外翻转，同时双臂外撑内螺旋转动，目视双手掌方向。

第三十二式：演手变势（四）

师傅指路：
　　身体下蹲蓄劲，右脚快速迈步前落地进步，双掌发力，掌根击打对方胸部乳根穴。

[127]　　　　　　　[128]　　　　　　　[129]

[127]. 重心移向左腿呈独立式。右腿向前跟步，右腿提膝脚尖绷直。双手掌心向内合于胸前。

[128~129]. 突然双掌翻转向外推出，左脚快速蹬地，右腿向前落地弓步，目视双手掌前方。

第三十三式：大掉炮

[130]　　　　　　　　**[131]**

[132]　　　　　　　　**[133]**

[130~133]. 腰胯向左转而后再向右转，右手掌心向上转再下旋，左手竖腕坐掌，斜侧掌位于胸前，左腿向前跟步，脚尖点地。

师傅指路:
　　意念为左手掌沿小鱼际下压，右手掌心向上五指向前上托，以左腰胯前转来带动。

[134]

[134] 正面

[134]. 随即左腿再向前迈一大步脚跟着地，右脚尖外摆，左脚尖内扣，身体向右旋转。右手掌心向上托五指向前。左手掌心向右位于腹前侧。

[135]　　　　　　　　　　　[135] 正面

[135]. 右腰后撤，左腰前推磨胯，右手掌心向上托，左手掌指沿向下按切，左腿蹬右腿弓，目视左掌方向。

师傅指路：
　　对方踢腿过来，我用右手快速接托住脚腕，左腿上步用左手掌沿切压按对方膝盖，腰胯劲贯穿双掌上托下压。

武氏太极拳全典——下卷

第三十四式：抹眉（一）

[136]　　　　　　　　　**[137]**

[136~137]. 腰向左旋转左腿向左后方撤步，重心移向左腿，左手掌心向下按，位于左胯后侧，同时右手掌心向内向上旋转，位于右肩前上侧位置。

[138]　　　　　　　　　**[139]**

[138~139]. 以左脚蹬地，右腿弓步劲力上传到右手掌根，快速翻掌前推，掌心向外。目视右手方向。

师傅指路：
　　右手掌背扫击对方眼眉，迅速反掌用掌根击打对方面门。用左脚胯蹬地上传走劲，到右手掌。

第三十四式：抹眉（二）

[140]　　　　　　　　**[141]**

[140~141]. 右脚向后撤步，脚尖点地后再撤一大步，右手向下画弧，掌心向下按，位于右胯外侧。左手掌由左胯侧向上旋转，掌心向内。

[142]　　　　　　　　**[143]**

[142~143]. 身体重心后移向右腿，左脚随即带回，再由右脚蹬地推动身体重心前移呈左弓步，左手迅速翻掌，掌心由内快速变掌心向外推出，目视左手掌。

师傅指路：
　　左手掌翻转速度要快，掌背扫打对方耳门，翻掌打面门。

第三十五式：虎水揽肘

[144]

[145]

[144~145]. 左脚跟拧地，脚尖外摆120°左右，随即右脚向前迈一大步，身体向左旋转90°，双手向胸前抱拳。

[146]

[147]

[146]. 两腿屈膝下蹲呈马步，同时两拳拳心向内，怀抱于胸前，左拳在外，周身蓄劲。

[147]. 双脚蹬地，身体快速站起，头向上顶，同时双肘左右外顶发劲，目视正前方。

师傅指路：
　　双脚蹬地，头向上顶，双肘尖外击对方胸膛。动作快、猛。有双击对方胸部之意。

第三十六式：裹果炮

[148]

[149]

[148~149]. 站起身后，身体向右转，右拳向外拧旋，拳心由上变下，左手掌心向下按，位于左腰间，同时向右转腰。

[150]

[151]

[150~151]. 左手由掌变拳快速向前冲击于左脚，同时向前冲击。右手由拳变掌由前向后拉，位于右胯间，同时左腿弓步，目视左拳方向。

师傅指路：

右掌后拉，左拳前打与左腿同时快速打出，击向对方肋部大横穴、章门穴。

第三十七式：翻身固身炮

[152]　　[153]　　[154]

师傅指路：
　　腿部蓄劲，快速跳起，控制身体，注意落步稳定。

[152~154]. 双脚猛速蹬地，从左向右，全身跳起旋转180°，双手握拳，向斜后方落步。左脚尖点地，右腿实左腿虚。右拳位于右耳旁，拳心向外。左拳位于左胯前，拳心斜向下，双拳上下对拉、外撑，目视前方。

第三十八式：手挥琵琶

[155]　　[156]　　[157]

[155~157]. 双拳变掌向前合抱下按，左手微高右手微低，由前向后回收，旋转到右腹侧时，双掌再向两侧左右分开，在身体两侧下方画一大弧形，随即左脚收回与肩同宽，两脚平行，目视前方。

第三十九式：收势

[158]

[158]. 双掌下按位于两胯外侧，两腿近似站直，两腋仍保持空虚有一拳之距，仍做到松肩沉肘、提顶吊裆、含胸拔背之要领。

[159]

[159]. 左脚向右脚收回半步，双脚并拢，双手松垂于身体两侧，目光平视正前方。

师傅指路：
　　收势应退回到起势原位，静站片刻，调息、调气、调意，收功。

第四章

武氏太极拳三路小架

「大架不大，小架不小，去粗留精，奥秘呈形……」祖师传下来的拳谱歌诀中，这句最能代表三路小架的特点了。

三路小架一直在武氏太极拳门内流传，很少被外人所知。

之所以三路拳法被称为小架，是因为它在拳势外形上动作相对另外两套拳势动作要小。

之所以说小架不小，是因为练习小架时内劲涌动较其他拳路要显著。

所以又有歌诀曰：「小架如心经，藏于大架中；不练大架艺难成，不学小架心不明……」

三路小架为文人所创、文人所传、文人所练，较适合文人墨客、坐书房、办公室白领阶层、高端贵人练习。「拳打卧牛之地」一两米见方即可练习。

第一式：起势

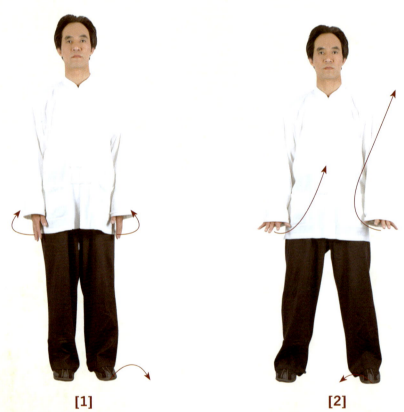

[1]　　　　　　　　　　　　　　[2]

[1~2]. 面南而立，左脚向左平移半步，与肩同宽，两脚平行，两膝微屈下蹲。两手掌微外旋跷起，掌心向下，五指向前，劲贯掌根。臀部向里收，吊裆提顶，小腹微有上翻之意，气沉丹田，呈无极桩势，重心位于两脚之间，内劲下沉。

第二式：左懒扎衣

[3]

[4]

[3~4]. 右腰眼微前旋，托起左腰眼微后转，重心移至右腿上，左脚向左前方45°迈步，两脚间距约一脚，脚尖跷起，脚跟着地；同时身体向左前方45°摆正，两手掌向上画弧，竖腕坐掌，五指斜向上，左掌小指外沿向正前，远近不超过脚尖，中指尖与鼻尖平，右手掌位于右胸部，指尖高度与左手掌根基本相平，两手竖侧掌合抱于胸前。左右手各管半个身体，双手攻守，保护自己整个胸部和肋部，目光平视左手中指尖方向。

[5]. 左腰眼微后撤，右腰眼微前带，身体重心移向左腿，随后带动右腿向前跟步，脚尖点地，变为左实右虚，两脚之间保持一脚距离，两手掌基本不变，目光向前平视，面向东南方。

[5]

师傅指路：
　　身体各个部位调整摆顺，手脚上下相随，身体内外相合。自身在得机、得势情况下，上身保持不变，由右脚蹬地，而后推动左腿弓步，但要求左腿膝盖不准超过脚尖，使整体重心前移向左腿，并保持身法完整。劲由下而上节节贯穿到小指外沿，目视正左前方45°。

第三式：右懒扎衣

[6]. 以左脚跟为轴，脚尖内扣45°，身体重心仍落于左腿；同时右脚尖虚点地，脚跟内旋，两腿屈膝下蹲，两手掌高低位置互换，右手位于右胸前，掌根与肩平；左手位于左胸前，指尖与右手掌根平；竖腕坐掌，合抱于胸前，并含有外撑内抱之劲，身体摆正，面向西南方45°，目光平视右手指尖方向。

[6]

[7]

[8]

[7~8]. 上身保持不变，右虚腿向西南方45°迈步。脚跟着地、脚尖跷起。左脚跟蹬地，右腿弓步，重心整体前移，在上下相随、内外相合、得机、得势情况下，骨节涌动也可发力。

师傅指路：
　　精神贯注，周身一家，后脚蹬地拔劲腰胯脊椎发力要配合丹田气协调呼出。

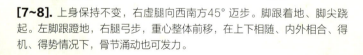

第四式：单鞭

[9]. 右腰眼微后撇，左腰眼前推，带动左腿向前跟半步，脚尖点地，两脚之间有一脚距离，重心仍坐于右腿，右实左虚。两手掌左右合抱于胸前。目光平视两掌方向。

[9]

[10] [11]

[10~11]. 而后右脚跟拧地，脚尖内扣60°左右；同时左脚跟内旋迈出，两掌平行合抱于胸前，仍为右实左虚，意念转向左手方向。左脚跟先着地，脚尖上跷，两手掌分于肩两侧，竖腕坐掌。右腿蹬地，身体重心前移，身体微转向东南方向，目光平视左手方向。

师傅指路：

以下盘来推动上盘，即脚施于地的反作用力通过腿、腰、胯、肩、肘，再传导给两手掌发劲。

第五式：提手上势

[12]. 以左实腿的脚跟拧地，脚尖内扣45°左右，右腿回收半脚，脚尖点地。仍为左实右虚步。右手下旋，掌心向下，五指斜向左，位于右胯前侧。左手微上抬，掌心向外，五指向斜右方，位于左耳旁，目光平视西南方向。

师傅指路：
　　两手转换时松肩沉肘、提顶吊裆、腰胯推磨、虚实分明。

[12]

第六式：白鹤亮翅

[13]. 身体姿势基本不变，右手上撩，掌心向外，五指横侧掌位于额头上侧，距额头一手掌距离。左手竖侧掌位于胸前，掌沿向外，距胸部一手掌，目视西南方。

[13]

[14]. 右虚脚向西南45°方向迈步，脚跟着地、脚尖跷起而后落实。左脚蹬地身体重心前移，逐渐成右实左虚步。劲路由左脚贯穿上拔到两掌。

[14]

武氏太极拳全典——下卷

第七式：左拗步掌

[15~16]. 右脚跟拧地，脚尖内扣60°左右；同时左脚跟内旋，脚尖转向正东方，身体也转向正东方。右手竖腕坐掌位于右胸前；左手心向下，五指向斜右方，位于左胯上侧，右实左虚。目视正东方。

[15]　　　　　　　　**[16]**

[17]　　　　　　　　**[18]**

[17~18]. 左虚脚向前迈步，脚跟着地、脚尖跷起，上身基本保持不变。随后右脚蹬地，推动身体重心前移，逐渐左腿弓步，两手掌外形不变贯穿发劲。

师傅指路：
　　身体位置摆正，手脚上下相连，内外相合，身体各部骨节调顺节节贯穿。

第八式：右拗步掌

[19]. 左脚不动，左腰眼微后撤，托起右腰眼微前带，随后带动右脚前跟半步，脚尖点地。右手掌下按，位于右小腹前，掌心向下，五指斜向前。左手向上画弧，竖腕坐掌，位于左胸前，目视正东方。

[19]

[20]

[21]

[20~21]. 上身基本保持不变，左脚不动，右脚向前方迈步，脚跟先着地，随后左脚蹬地推动身体重心前移，逐渐呈右腿弓步，右膝盖不可超过脚尖。

师傅指路：
　　向上拔劲时身体不可前俯后仰，保持中正。

第九式：搬拦捶

[22~23]. 两脚不动，腰微向右转；同时右手掌向上顺时针画圆变拳。四指握拳在内，拇指在外，拳心向上，拳眼向外。随后，左手掌下按，掌心向下位于胸腹前；同时带动左脚向前跟步，脚尖点地，位于右脚后内侧，为右腿实左腿虚。此势右拳旋转为搬、左掌下按为拦。

[22]

[23]

[24~25]. 右脚不动，左脚向前迈步，脚跟着地、脚尖跷起。随后右脚蹬地推动身体重心前移，变成左腿弓步；同时右拳由拳心向上拧出去，变为拳心向下用内劲向前冲拳；左手掌心微向下按。目视右拳正东方。

师傅指路：

右脚蹬地劲上拔达右拳。

[24]

[25]

第十式：六封四闭

[26]. 右拳变掌，两掌分开与肩同宽，五指向前、向下按。随后右脚跟步，脚尖点地，位于左脚后内侧，仍为左腿实右腿虚。两掌有下按、回捋之意，精神贯注于两掌根。

[26]

[27]

[28]

[27]. 右虚步再后退到原位，随后带动左腿向后退半步，脚尖点地，呈右实左虚步。两手有向下、向后捋按、回带之意。

[28]. 右脚不动，左脚再向前迈步到原位。脚跟先着地，随后右脚蹬地，推动身体重心前移，再呈左弓步；同时两手掌下按前推，运动路线呈横"S"形。

第十一式：右贴靠回肘

[29]

[30]

[29~30]. 左脚尖微外摆，右脚向前跟步，脚尖点地呈虚步。两手掌变拳相对，合抱于腹前，右虚步又有向前迈步的趋势，呈左实右虚步，两肘、两拳欲有撞击对方之意。

[31]

[31] 正面

[32]

[32] 正面

[31]. 右虚脚向正东方迈步，脚跟先着地；左脚尖微外摆，上身下蹲，右手臂有前靠蓄劲之意。随即身向东北方转体45°左右。

[32]. 蓄劲下蹲后双脚用力蹬地身体上拔，同时两肘向两侧猛发劲四周爆发。头向上顶，两肘向两侧发劲，两脚蹬地。

第十二式：左贴靠回肘

[33]. 接上式，右脚尖外摆，左脚尖内扣，两脚跟拧地，身体转向正东方；同时两拳心向内又合抱于小腹前，目视正东方。

[33]

[34]

[35]

[34~35]. 右脚尖再外摆，脚跟拧地。左脚向前跟步，呈右实左虚步，两拳仍合抱于腹前。左腿再向东迈步，脚跟先着地，而后踏平。左肘臂有靠对方之意，目视东方。

[36]

[37]

[36~37]. 左脚变实，身体转向东南方，两腿微屈，下蹲呈小马步，两拳仍相对合抱于腹前，而后双脚蹬地，身体上起，头向上顶，两肘同时向两侧猛击，全身都有爆发劲，两肘有击打对方胸部之意。

师傅指路：
上身拔起、两肘外击要快速爆发整体劲。

第十三式：倒撵猴

[38] [39] [40]

[38~40]. 两手由拳变掌，右手掌心向下，位于小腹上侧。左手竖腕坐掌，位于左胸前侧，掌心向右，五指斜向上。左脚跟拧地，脚尖内扣约90°，右脚向西南方迈半步，脚跟着地后，左脚蹬地逐渐呈右脚弓步。目视西南方45°。

[41]

[42] [43]

[41]. 腰眼微后带，右腿实托起左腰眼，带动左脚前跟半步，脚尖点地。两手掌上下互换画弧，右手掌竖腕坐掌，掌心向左，五指斜向上，位于右胸前。左手掌心向斜下按至左小腹前上侧，有向左后方旋转的意念。

[42~43]. 左脚向右脚后外侧迈步呈后交叉步。右脚跟拧地，脚尖内扣。左脚尖点地，又有向左后方迈步之意。两手掌基本不变，仍是左手在下，右手在上，竖腕坐掌，有向左后顺势捋带、推击之意。

[44]　　　　　[45]　　　　　[46]　　　　　[47]

[44~45]. 转向西北方45°时，左脚再向西北方迈步，脚跟先着地，右腿蹬地，劲向上拔。推进重心前移呈左弓步，两臂基本不变，目视西北方向。

[46~47]. 左脚跟拧地，脚尖内扣。右腿跟半步；同时两手掌上下交换画弧，右手掌心向下平按，位于右腹前。左手五指向上，竖腕坐掌位于左胸前。左实右虚步向后交叉。

[48]　　　　　[49]　　　　　[50]

[48~50]. 由左倒撵猴变换右倒撵猴，身体向右后方旋转270°，由西北方转向西南方。右虚步向西南45°迈步，脚跟先着地，随后由左脚蹬地推动身体重心前移呈右弓步，目视西南方。两掌基本不变，与左倒撵猴动作一样。

第十四式：搂膝拗步

[51]. 右腰眼微后转，带动左腰眼前转的同时，左脚向前跟半步，脚尖点地，两手掌位置上下互换，左手位于左小腹前，掌心向下，五指向右；右手竖腕坐掌，位于右胸前，转向东方。

[51]

[52]

[53]

[54]

[52~54]. 身体转向正东方，左手在下，右手在上。左虚脚向前迈步，脚跟先着地，然后右脚蹬地推动身体重心前移呈左弓步，两掌基本不变，面向正东方。

第十五式：手挥琵琶势

[55~56]. 重心前移到左腿，带动右脚向前跟半步，脚尖点地。两手掌五指向前，掌心向下，左手在前，右手在后，有下按、回捋、外带之意。右脚回撤半步，随即左脚也向回带动半步，脚尖点地呈右实左虚步。两手掌有下按、外捋、回带之意。

师傅指路：
　　应避开自己的中心线画弧回捋。

[55]　　　　**[56]**

第十六式：按势

[57]　　　　　　　**[58]**

[57~58]. 右脚为实，左脚在右脚的前侧，脚尖点地为虚。右手斜侧掌，小指沿向下，竖腕坐掌向下按。左手掌心向上，位于左胯外侧向上撩。整体屈膝下蹲，目视斜下方。

师傅指路：
　　两肩不可歪斜，平行缓缓向下，头颈要正，百会穴仍有上顶之意。

第十七式：青龙出水

[59]. 右脚蹬地，推动身体慢慢上起，左手由后向前上方画弧，掌心向东，五指向上，位于左肩前微上侧。右手掌心位于额头上侧；同时左虚脚向前迈步，脚跟先着地。而后右腿蹬地，重心前移，左脚踏平，目视左手掌方向。

[59]

[60]

[61]

[60~61]. 以两脚跟为轴，左脚尖内扣120°左右，右脚尖外摆120°左右。身体从左向右旋转180°面向西方。两手掌由头上方画大圆弧。右手竖腕坐掌旋转到右肩前侧，五指向上，掌心向西，左手横斜掌位于额头上方，距额头有一手掌宽的距离。转向西方后身体重心先在左腿，而后蹬地移向右腿，目视正西方。

第十八式：三通臂

[62]　　　　[63]

[62~63]. 右脚向后撤半步，脚尖点地，调整身体重心后，再向后退半步，变为实腿，左脚由实变虚撤回一脚之距，脚跟提起，脚尖点地；同时两手掌由上向下回收画弧，左手位于左胸前侧，竖腕坐掌，右手位于右胸前，两掌上下合抱椭圆，目视左手指的方向。

[64]　　　　[65]

[66]　　　　[67]

[64~65]. 左脚再向前迈步，脚跟先着地，右脚蹬地呈左腿弓步，向上拔劲。腰微向左转，右脚向前跟步，脚尖点地，仍为左实右虚，同时两掌上下交换。两掌上下合抱椭圆，目视右手指的方向。

[66~67]. 右脚向西北45°方向迈步，脚跟先着地，左腿蹬地，右腿弓步，劲向上拔力达两掌缘。此动作近似于懒扎衣的外形，退三脚，进三脚。

第十九式：单鞭

[68~69]. 左脚向前跟步，脚尖点地，右脚跟拧地，脚尖内扣90°左右，身体重心仍在右腿上。两掌合抱于胸前，欲有左右分开的趋势，目光平视两掌中间。

[68]

[69]

[70]

[71]

[70~71]. 右脚尖再内扣30°左右，左脚向左迈出半步，脚跟着地。右脚蹬地推动身体重心前移，左腿弓步，脚尖踏实。向上拨劲的同时双掌向左右分开，左掌根约与肩平，目视左手方向。

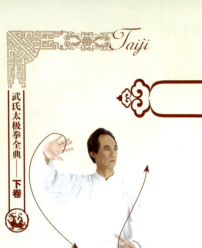

第二十式：云手

[72] [73] [74]

[72~73]. 身体重心后移向右腿，左手由上向下画弧，位于左腹前侧，掌心向下。右手掌心向外位于右肩上侧。而后两手上下同时交换画弧。左手位于左肩前外侧五指斜向上掌心向外，右手位于腹前掌心向上。目视东方。

[74]. 左脚向东方迈步，身体向正东转腰摆正，右脚蹬地劲向上拔，而后左腿弓步脚落实。左手在上，竖腕坐掌，右手在下，掌心向上，目视左手方向。

[75] [76] [77]

[75]. 左实脚脚跟拧地，脚尖内扣；同时右脚变虚脚脚尖点地，身体向右旋转。左右手上下交换画弧。左手位于小腹前侧，右手位于右胸上侧，有向西转变的趋势。

[76~77]. 左脚尖内扣，右脚回收半脚之距。身体转向正西方，右手在上，斜侧掌位于右胸前。左手在下掌心向上，位于小腹前侧，双掌合抱于胸前。劲由左腿向上拔，微旋转腰部，目视右手方向。

第二十一式：单鞭

[78]. 左脚跟步，脚尖点地，随后右脚跟拧地，脚尖内扣90°左右，身体重心仍在右腿上。两掌合抱于胸前，欲有左右分开的趋势，目光平视两掌中间。

[79~80]. 右脚尖再微扣，左脚向左迈出半步，脚跟着地，而后由右脚蹬地推动身体重心前移呈左腿弓步。向上拔劲的同时，双掌向左右分开，左掌根与左肩平，目视左手方向。

[78]　　　　　　[79]　　　　　　[80]

第二十二式：提手上势

[81]

[81]. 腰向左旋转，身体转向东南方。右手由上向下画弧，位于右腹外侧，掌心向下五指向前。左手掌斜向前，位于左肩前侧，目视东南方向。

第二十三式：高探马

[82]. 右脚向前跟步点地，呈左实右虚步。左手掌心向前，右手掌心向上，合抱于胸前，两臂腋下要有一拳之距。

[82]

[83]

[84]

[83~84]. 上身两臂基本不变，右脚向东南方迈步，先由脚跟着地，再由左脚蹬地推动身体重心前移呈右腿弓步。目视东南方。

第二十四式：右金鸡独立

[85]

[86]

[85]. 左脚向前跟步，脚尖点地，为右实左虚步，右脚尖微内扣，身体转向正东方。右手掌心向下，五指向前，位于右胯外侧，左手掌心向前，位于左肩前侧。

[86]. 由右脚蹬地，左腿屈膝上提，脚尖下垂，小腿与大腿成90°。膝盖与胯平，保持重心稳定，目视左手方向。

师傅指路：

右脚蹬地，头向上顶。左手上托右手下按，双掌形成上下对拉。左腿上抬，并有外踢的趋势。前后绷胀、内外混圆的整体劲，保持身体平稳，不可左歪右斜。

第二十五式：右高探马

[87]　[88]

[87~88]. 左脚迈向东北方45°落地，脚跟先着地，而后右脚蹬地左脚踏平呈弓步。两手掌上下合抱于胸前，左手掌心向上，五指向前与左脚方向一致，右手掌心斜向下，五指斜向上，目视东北方向。

第二十六式：左金鸡独立

[89]　[90]

[89~90]. 腰微左转，右脚向前跟步，脚尖点地，呈左实右虚步，左脚尖微内扣，身体转向正东方。左手掌心向下按，五指向前，位于左胯外侧，右手掌心斜向上，位于右肩前上侧。然后左脚蹬地，带动右膝盖上提，使小腿与大腿成90°，脚尖向下松垂。目视右手掌方向。

第二十七式：抱虎归山

[91]

[91]. 右脚向左脚后方落地，脚尖点地，仍是左实右虚步，右手由上向下画弧掌心向斜下。左手由下向上画弧竖腕坐掌位于左肩前侧，目视右手方向，意有向右后转的趋势。

[92] [93] [94]

[92~94]. 以左脚跟拧地，脚尖内扣135°左右。身体向右转，由东向西旋转180°，仍是左实右虚步。而后右虚步向西北方迈步，再由左脚蹬地推动身体重心前移成右弓步，两掌同时前推，目视西北方。

第二十八式：指裆捶

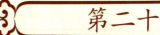

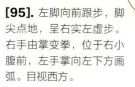

[95]. 左脚向前跟步，脚尖点地，呈右实左虚步。右手由掌变拳，位于右小腹前，左手掌向左下方画弧。目视西方。

[96~97]. 左虚脚再向前迈步，脚跟着地，而后由右脚蹬地，推动身体重心前移，左脚落平成呈弓步；同时右拳向斜下方击打，左手掌心向下，五指向前，位于左胯外侧，目视西方右拳方向。

[95]　　　　[96]　　　　[97]

第二十九式：左跨虎

[98~99]. 右脚向前跟步，脚尖点地，仍是左实右虚步，屈膝下蹲；同时两手变拳，上下对拉。左手拳心向下，拳眼向内，位于左胯侧；右手拳心向外，拳眼向下，位于右肩前上侧。然后右腿后撤步，带动身体重心后移，左脚随之后撤，成右实左虚步。目视正西方。

[98]　　　　[99]

第三十式：左抱鼎势

[100~101]. 左脚再向前微迈步，仍是两脚间有一脚之距。两拳变竖掌，两掌心之距与身体同宽，十指张开向前，位于腹两侧。右腿蹬地，推动身体重心前移呈左腿弓步，下盘内劲贯穿到十指尖上向前插去。目视十指尖方向。

[102]. 右脚向前跟步，同时双掌变拳，拳心相对与身体同宽，位于腹部前上侧，而后左腿蹬地推动身体重心前移，使右腿微弓步劲达两拳头，有用内劲打击对方腹部的意念。目视两拳方向。

[100]　　　　[101]　　　　[102]

第三十一式：右跨虎

[103~104]. 左脚前跟半步，随即再退回原位，身体重心后移到左腿，呈左实右虚步。右拳向下拉，位于右胯外侧。左拳向上旋拳心向外，位于左肩外上侧。两拳上下对拉画弧上身拔劲，目视西北方。

[103]　　　　[104]

第三十二式：右抱鼎势

[105]. 右虚脚微后退半脚，随即再迈到原位；同时两拳变竖掌，十指伸直掌心相对与身体同宽，面向西北方向，而后左脚蹬地身体重心前移逐渐呈右弓步，内劲贯达十指尖并有穿插对方腹部的意念。目视十指方向。

[105]

第三十三式：左野马分鬃

[106]. 左脚向右脚内侧跟步，脚尖点地，为右实左虚步。而后右手下旋，掌心向上，位于右腹前侧；左手上旋，掌心向外，肘与肩平，有下沉之意，位于左胸前侧，目视左手肘方向。

[107~108]. 左脚继续向西南方迈步，脚跟先着地，右脚蹬地推动身体重心前移使左脚落实，左腿弓步。意贯左手小臂与左肘及右手掌和五指尖。左转腰磨胯，目视西南方向。

[106]　　　　[107]　　[108]

武氏太极拳全典——下卷

[109]. 右脚向前跟步于左脚内侧，脚尖点地，呈左实右虚步；同时两掌上下互换位置。左手下旋，掌心向上，位于小腹，右手上转，掌心向外，位于右肩前侧（两臂腋下皆有一拳之距），身体转向西北方，目视右手臂方向。

[110~111]. 右虚脚再向西北方迈步，脚跟先着地，而后左脚蹬地劲向上拔，推动身体重心前移右脚落实弓步；同时右手上撩向外反掌，左手掌心向上五指斜向前同时推出，目视西北方。

[109]　　　　[110]　　　　[111]

第三十四式：玉女穿梭

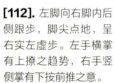

[112]. 左脚向右脚内后侧跟步，脚尖点地，呈右实左虚步。左手横掌有上撩之趋势，右手竖侧掌有下按前推之意。

[113~114]. 右脚尖微内扣调整身体重心，面向西南方。左手上撩掌心斜向上，位于额头上侧约一拳之距。右手竖腕坐掌小指缘向前推动，位于右肩前侧。左脚向西南方迈步脚跟着地，而后右脚蹬地推动身体重心前移，使前脚踏平呈左弓步。目视西南方向。

[112]　　　　[113]　　　　[114]

[115]. 左脚尖内扣，脚跟拧地；左手向下画弧位于左腹前。右手向上画弧掌心向外，位于面前。

[115]

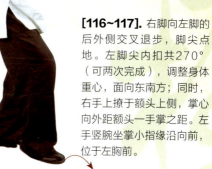

[116]

[117]

[116~117]. 右脚向左脚的后外侧交叉退步，脚尖点地。左脚尖内扣共270°（可两次完成），调整身体重心，面向东南方；同时，右手上撩于额头上侧，掌心向外距额头一手掌之距。左手竖腕坐掌小指缘沿向前，位于左胸前。

[118]

[119]

[118~119]. 右脚向东南方向迈步，脚跟先着地，而后左腿蹬地推动身体重心前移，使右脚尖落实并呈右弓步，双掌同时前推，目视东南方向45°。

[120]. 左脚前跟半步，脚尖点地为虚步；同时两手掌上下交换。左手向上画弧掌心向外，位于左肩前上侧。右手向下画弧斜侧掌五指向上，位于右胸前。

[120]

武氏太极拳全典——下卷

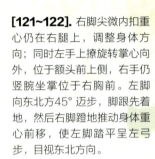

[121]

[122]

[121~122]. 右脚尖微内扣重心仍在右腿上，调整身体方向；同时左手上撩旋转掌心向外，位于额头前上侧，右手仍竖腕坐掌位于右胸前。左脚向东北方45°迈步，脚跟先着地，然后右脚蹬地推动身体重心前移，使左脚踏平呈左弓步，目视东北方向。

[123]

[124]

[125]

[123]. 右脚向左脚的后外侧交叉步，脚尖点地。左脚尖内扣，脚跟拧地。左脚尖再继续内扣。身体由左向右后方旋转270°，欲转向西北方。

[124]. 身体旋转同时两手上下交换，右手掌向外位于额头前上方，距额头一手掌之距。左手掌竖腕坐掌位于左肩前侧，身体向西北方向摆正。

[125]. 右虚步向西北方迈步脚跟先着地，然后左脚蹬地，推动身体重心前移呈右弓步，目视两掌间西北方。

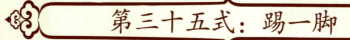

[126]

[127]

[128]

[126]. 腰微右转身体重心前移，左脚实右脚虚，随后左脚跟步脚尖点地，两手掌回捋下按合抱于腹前，屈膝下蹲蓄劲，面向西南方。

[127~128]. 右脚蹬地推动身体上起，带动左脚尖绷直外踢；同时双掌前后分开，左手和左脚方向一致，右手向右后方分开推出，目视左脚尖方向。

第三十六式：蹬一脚

[129]

[130]

[129~130]. 左脚向右脚后侧落地，随即右脚尖内扣120°，身体由右向左转向东方，呈右实左虚步。左脚尖点地，左手竖腕坐掌位于左胸前，和左脚方向一致。右手斜侧掌位于右胸前侧。

[131]

[132]

[131~132]. 右脚蹬地，呈右独立势。带动左腿屈膝上抬，左脚尖回钩。脚跟着意用力向外蹬出。双掌同时配合前后快速分开整体发劲到脚跟。目视东方左脚方向。

师傅指路：
　　保持重心平稳，身法不可左右歪斜。

第三十七式：下势

[133]　　　　　[134]

[133~134]. 左脚蹬后向前落步，重心仍在右脚。右手掌向前带，下按回捋。两手掌同时向下、向外、回捋整体向右转腰磨胯。目视双掌方向。

第三十八式：迎面掌

[135]　　　　　[136]

[135~136]. 回捋后右手由下向上画小立圆，掌心向前，五指向上。左掌翻转掌心向上在腹前，双掌整体推出。右腿及腰胯推动身体向前弓步。右手掌击打对方面门之意。

第三十九式：手挥琵琶势

[137]　　　　　　[138]　　　　　　[139]

[137~139]. 右脚向前跟步，脚尖点地，左腿实右腿虚。两手掌一前一后位于胸前，十指向前。右脚向右后方撤半步，重心后移带回左脚，退回原位。两掌有下按、回捋、外采、前推之意；保持前后左右各方支撑八面，目视双手方向。

第四十式：收势

[140]　　　　　　　[141]

[140~141]. 双掌回捋下按，十指向前，掌心向下，微屈膝下蹲，双脚与
肩同宽，平行而立呈无极桩势。左脚再收回半步，并脚站立呈起势状，调
息、调气、调意。

第五章

武氏太极拳精简26式

武氏太极拳融儒家文化、道家养生、中医保健、武术强身于一体，

常练武氏太极拳，能有效「缓解精神压力，祛除生理疾病」，对治疗疲劳综合征和慢性病有显著效果。

武氏太极拳精简26式是从武氏太极拳一路中捋架中精心挑选的简易套路，非常适宜现代人的健体、养生。

在几分钟内即可演练一遍的短短26式，方便记忆，能调动身体各部位都参与到运动中来。

练习者将招式、套路练习熟悉之后，再加上武氏太极拳内劲走向一齐练习，能达到很好的增寿益智、祛病健体、美容塑身的功效。

第一式：起势

[1]　　　　　　　　　　[2]　　　　　　　　　　[3]

[1~3]. 双脚并步自然站立，面向正南方，两掌松垂于身体两侧。左脚向左平移半步，两脚平行。同时，双掌向外再向内画立圆，十指张开，掌心向下、五指向前下按于身体两侧，双腿屈膝下蹲。目光平视正前方。

师傅指路：
　　立身中正，松肩沉肘，提顶吊裆，脊椎竖直，双腋下空有一拳之距；呼吸自然，气沉丹田。

第二式：左右懒扎衣

[4]　　　　　　[5]　　　　　　[6]　　　　　　[7]

[4~5]. 身体转向东南方，左脚向东南方45°角迈步，脚跟先着地，随后右脚蹬地，左脚慢慢踏平。左手竖腕坐掌位于左胸前，与左脚方向一致，右手位于左手后下侧，掌心斜向前，双臂在胸部撑圆，呈推掌弓步。目视左手前方。

[6~7]. 腰微向左转，右脚向前跟步，脚尖点地，双掌合抱于胸前。左脚跟拧地、脚尖内扣，身体转向西南方45°，重心仍坐在左腿上。左腿实、右腿虚，右脚尖点地，双掌上下互换竖腕坐掌合抱于胸前。

[8]　　　　　　[9]

[8~9]. 双掌基本不变，竖腕坐掌合抱于胸前。右虚脚向前迈步，脚跟先着地，脚尖跷起。接着左脚蹬地推动身体重心前移呈右弓步。目视右手方向。

武氏太极拳全典——下卷

第三式：左右搂膝拗步

[10]

[11]

[10~11]. 腰微向右转，左脚向前跟步，右脚跟拧地、脚尖内扣90°左右，左脚尖点地、脚跟内旋后。右手上抬位于右肩前侧竖腕坐掌，左手下按掌心向下横侧掌位于小腹前侧，左脚向正东方迈步，脚跟先着地、脚尖跷起。

[12]

[12]. 右脚蹬地向左转腰磨胯推掌，左手掌在左膝盖外侧，五指向前掌心向下。右手掌在右肩前侧推出，右腿蹬地左腿弓步。目视右手方向。

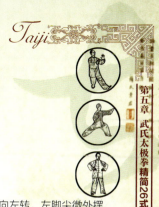

[13~15]. 腰微向左转，左脚尖微外摆，重心位于左腿。右脚向前跟步，脚尖点地后，右虚脚再向前迈一步。同时，双手掌上下交换，右手在下五指向前掌心向下，位于右胯外侧；左手掌竖腕坐掌位于左肩前侧。目视正东方。

师傅指路：
　　向前跟步时两腿仍是屈膝下蹲，虚实分明，上身正直。

[13]　　　　　　　　　　　[13] 正面

[14]　　　　　　　[14] 正面　　　　　　　[15]

第四式：进步搬拦捶

[16]. 右腰眼微后撤，左脚向前跟步，脚尖点地。同时，右手由掌变拳，拳心向上、拳眼向外。左手掌心向下按，位于腹前。

[16]

[17~18]. 左虚脚向前迈一步，脚跟先着地，随后右脚蹬地推动身体重心前移，同时右拳由拳心向上变为拳心向下拧拳打出，右掌按左拳打须同时进行。目视右拳方向。

师傅指路：
右腿重心要坐稳，再迈左腿，而后蹬右腿、转腰，打拳要同时协调进行。

[17]　　　　　　　[18]

第五式：六封四闭

[19]

[20]

[21]

[19]. 右脚向前跟步，右拳变掌，手指向前，左手向左微微分开，同样手指向前；两掌与肩同宽，双手下按，肩肘向下松沉。

[20~21]. 右脚跟着地，重心在右腿，左脚向前迈出一步，脚跟着地、脚尖跷起。当重心移到右腿时，随即将左脚带回，脚尖点地，呈右实左虚步，双手竖腕坐掌，目视两手前方。

[22]

[23]

[22~23]. 左腿虚步再向前迈出，脚跟着地、脚尖跷起，随即两手掌以弧形下按、前推。右脚跟蹬地，推动身体重心前移呈左弓步，同时双手掌下按呈弧形状前推。目视双手前方。

师傅指路：
　　回捋、前推要以腰胯带动双手，来回要做弧形运动。在推出后双掌不可超出脚尖，步法可大可小，以舒适为宜，双掌推出时应脊椎正直，有提顶吊裆之意。脚下蹬，头上顶，命门后撑，两臂外撑内合，双掌前推，形成上下前后左右对应、支撑八面浑圆之劲。

第六式：抱虎推山

[24]

[25]

[26]

[27]

[24~25]. 右脚向前跟半步，脚尖点地，位于左脚跟后侧一脚之距。右手横掌下按，左手竖腕坐掌位于胸前；接着左脚跟拧地，脚尖内扣135°左右，右脚尖点地随之旋转，身体向后旋转180°左右，目视左手方向。

[26~27]. 右腿向前迈步，脚跟着地、脚尖跷起，随即左脚跟蹬地推动身体重心前移，呈右弓步。右手掌下按并旋转，左手竖腕坐掌前推，目视左手方向。

师傅指路：
　　身体向后整体旋转时重心要稳，左脚跟拧地变化重心。

Taiji

第七式：右手挥琵琶

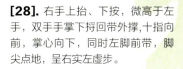

[28]. 右手上抬、下按，微高于左手，双手手掌下捋回带外撑，十指向前，掌心向下，同时左脚前带，脚尖点地，呈右实左虚步。

[28]

[29]

[29]. 随后，左脚撤回原位，身体重心慢慢向后移，两手掌有下按、回捋、外带之意。目视两手掌方向。

[30]

[30]. 两手掌向斜后方下带外捋，整体腰部向左转，带回右脚，脚尖点地，呈左实右虚步，目视前方双掌方向。

师傅指路：
　　在回带时要以腰胯带动两掌，回捋时要避开自身中心线，意感退中有进。

第八式：白鹤亮翅

[31]　　　　　　　　　　　　　[32]

[31~32]. 右手向上画弧，掌心向外，五指向左，位于额头前上方30厘米左右处。左手竖腕坐掌，五指向上，位于左胸前30~40厘米处，此时身体重心在左腿。右脚向前方迈出一步，脚跟着地，接着左脚跟蹬地推动身体重心慢慢向前移，右脚掌慢慢踏平，呈右弓步，目视双掌中间方向。

第九式：单鞭

[33]

[34]

[35]

[36]

[33~34]. 右腰眼向后旋，左腰眼向前转，带动右脚向前跟半步，脚尖点地，呈左实右虚步；左手微下旋，右手微上转。以左脚跟为轴，脚尖内扣45°，两手合抱于胸前。

[35~36]. 右脚跟蹬地，推动身体重心慢慢移向左腿，呈左弓步，同时左右手向两边分开，目视左手方向。

师傅指路：
　　右脚蹬地推动身体重心前移、转腰、磨胯，两侧分掌同时进行。

第十式：云手

[37]

[38]

[39]

[37]. 身体后撤腰胯由左向右旋转，转向西南方，重心移向右腿。右腿向前弓步，左脚蹬地，推动身体重心前移上拔，呈右弓步，双手掌向斜上方撑劲，目视右手方向。

[38~39]. 两掌上下交换，右手向下画弧至腹前，掌心向上，左手向上画弧微高于左肩。同时右脚尖内扣135°左右，脚跟拧地整体向左旋转，左虚脚回收，身体并有上拔之意。目视左手方向。

[40]

[41]

[40~41]. 两手掌上下交换，同时两腿虚实交换。腰向左转，左脚向左前方迈步，然后右脚蹬地腿推动身体重心前移，呈左弓步，目视左手掌方向。

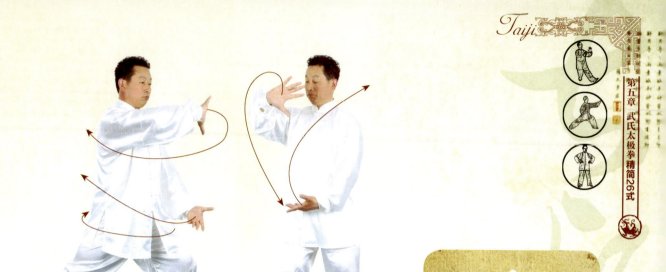

[42]

[43]

> **师傅指路：**
> 　　向右旋转右手在上，左手在下；向左旋转左手在上，右手在下。脚跟蹬地，上拔之劲力达手臂及全身。

[42~43]. 两掌上下交换，左手向下画弧至腹前，掌心向上，右手向上画弧，微高于右肩。同时，左脚尖内扣135°左右，脚跟拧地整体向右旋转，右虚脚回收，并有上拔之意。目视右手方向。

[44]

[45]

[46]

[44~45]. 两手掌上下交换，同时两腿虚实交换。腰向左转，左脚向左前方迈步，然后右脚蹬地推动身体重心前移，呈左弓步。

[46]. 两手上下互换，重心位于左腿。左脚跟拧地，脚尖内扣，带动身体向右旋转。目光平视右手上方。

第十一式：高探马

[47]

[48]

[49]

[47]. 身体左转，朝向正东方；右手翻掌，掌心向上，手指斜向前，位于腹部前侧，左手竖腕，坐掌位于左肩前。

[48~49]. 右脚向左前45°方向（东南方）迈步，脚跟先着地、脚尖跷起。左手掌心向前，手指向上，位于左胸前侧。随后左脚蹬地，推动身体重心前移，呈右弓步，目视左手方向。

[50]

[51]

[52]

[50]. 重心前移至右腿，左脚跟步，左脚尖点地，双手上下翻转，右手在上，左手在下，双掌上下斜相对。

[51~52]. 左脚向左前方45°（东北方）迈步，脚跟着地、脚尖跷起，随后右脚蹬地推动身体重心前移呈左弓步，目视右手前方。

师傅指路：
　　脊椎挺直，右脚蹬地劲贯双掌，左手有托肘插肋之意，右手有搭腕击胸之意。

第十二式：右起一脚

[53] [54]

[53~54]. 左腰眼后撤，右腰眼前推，右手掌在胸前画弧形，掌心向前。同时，带动右脚向前跟步，呈左实右虚步，左手位于左肩外侧，右手竖腕坐掌于右脚尖同一方向，接着起右脚，脚尖绷直，向东南方向踢脚，目视右脚方向。

第十三式：左起一脚

[55] [56]

[55~56]. 右脚落步位于左脚的后内侧，脚掌落平后变成实腿，随后左脚回收，变为右实左虚步，左手与左脚方向一致。接着左脚向上踢起，脚尖绷直，双手左右张开。目视左手左脚方向。

第十四式：转身踢一脚

[57]

[58]

[59]

[57~58]. 左脚下落在右脚的后侧。随后右脚跟拧地，脚尖内扣，从左手方向转身180°，转向西方。左脚尖点地，呈右实左虚步；双手掌手指向上，竖腕坐掌。

[59]. 左脚尖绷直，向上猛踢，左手与左脚方向一致，右脚蹬地独立，右手在右肩外侧，目视左脚尖方向。

第十五式：践步栽捶

[60]

[61]

[60]. 右脚迅速跟至左脚位置（称为践步），左脚再快速向前迈一步，呈右实左虚步，目视左手掌前方（西方）。

[61]. 左虚脚向前迈步，左手向左下侧画弧至左膝盖外侧，右脚蹬地推动身体重心前移呈左弓步，右手由掌变拳击向前下方，有击打对方裆部之意。

第十六式：金鸡独立

[62]. 重心移向左腿，右脚向前跟步，呈左实右虚步，右手掌心向外有上托之意，左手有下按之感。

[62]

[63]

[63]. 身体微下蹲，右手掌心斜向上托，位于右肩前上侧。同时，右膝盖向上抬起，脚尖绷直；左手掌心下按，位于左胯下外侧，左腿蹬地呈独立式，目视右手掌方向。

[64]

[64]. 右脚下落位于左脚后内侧，重心后移变为实脚，同时右手向下画弧，掌心下按，五指向前，位于右胯外侧，左手掌上抬掌心向外。

[65]

[65]. 右脚蹬地，左手掌与左膝同时抬起，掌心斜向上，位于左肩前侧，有上托之意。左腿提膝，膝盖有上顶之意，脚尖绷直有外踢之念，目视左手掌方向。

师傅指路：

　　左、右手上下对拉拔长，左手上托，右手下按；左膝盖外顶，脚尖有前踢之意；起落时保持重心平稳，上身不可左右摆动。

第十七式：倒撵猴

[66~67]. 左脚下落后，右腰眼微后撤，带动左脚前移，脚尖点地。同时，两手上下互换，左虚脚向后撤半步，呈交叉步，右实脚脚跟拧地旋转，脚尖内扣270°左右，身体随之旋转，仍为右实左虚步。目视右手方向。

[66]

[67]

[68~69]. 双掌基本保持不变，左脚向前迈步，脚跟着地，然后右脚蹬地推动身体重心前移，呈左弓步，目视右手方向。

[68]

[69]

[70~71]. 左腰眼微后撤，带动右脚前移，脚尖点地，呈左实右虚步。同时，两手上下互换，右手在胸前，掌心向下，手指向左；左手竖腕坐掌，位于左胸前。接着，右虚腿向后撤半步，交叉步。

[70]

[71]

[72]

[73]

[74]

[72~74]. 左实脚脚跟拧地旋转，脚尖内扣225°左右后，同时身体随之旋转，为左实右虚步，面向西北方。右脚向右前方迈步，脚跟着地、脚尖跷起，接着左脚蹬地推动身体重心前移，呈右弓步。两手基本不变，目视左手方向。

Taiji

第十八式：单鞭

[75]　　　　　[76]　　　　　[76] 正面

师傅指路：
　　脚跟蹬地，以腰胯的拧转推动两掌左右分开，分掌后左手微高，掌根与左肩平，右掌微低，指尖与右肩平。

[75~76]. 右腰眼后旋，左腰眼前转，带动左脚向前跟半步，脚尖点地，呈右实左虚步；右手微下旋，左手微上转。以右脚跟为轴，脚尖内扣45°，两手合抱于胸前。

[77]　　　　　[77] 正面　　　　　[78]　　　　　[78] 正面

[77~78]. 上身不变，左脚向左平移半步，脚跟先着地，重心仍在右腿。右脚跟蹬地，推动身体重心慢慢移向左腿，同时左右手向两边分开，呈左弓步，目视左手方向。

第十九式：下势

[79~80]. 身体重心后移向右腿，屈膝下蹲，双掌同时向下，按向外，向右后方画弧捋带，呈右弓步，目视双掌方向。

师傅指路：
身体重心后移时脊背一定要下直，不可低头撅臀，下盘要稳固。

[79]　　　　　　[80]

第二十式：上步七星

[81]　　　　　　[82]　　　　　　[83]

[81~82]. 右脚蹬地推动身体重心移向左腿。腰向左旋转，左手在胸前上侧，掌心向右、五指向上，面向正西方。

[83]. 左腰眼后撤，右腰眼向前推，重心从右腿慢慢移向左腿，同时右手掌向上画弧位于左手外侧，呈十字交叉状。右脚同时向前跟步，脚尖点地，位于左脚前方，两脚之间有一脚之距，左腿实右腿虚屈膝下蹲，目视双掌中间前方。

师傅指路：
双掌呈十字交叉状时，想象双掌架挡对方打来之拳并回旋拧转其手腕。

第二十一式：退步跨虎

[84]

[85]

[84~85]. 右脚向右后方撤大步，重心后移变实腿，同时双手由掌变拳。右拳向下再向上画弧，拳心向外位于右耳外侧；左拳向下拉位于左胯外侧，拳心向外。同时左脚随重心后移再撤半步，脚尖点地，仍为右实左虚步，目视正前方。

师傅指路：

左右拳形成上下对拉劲，脊椎骨上顶拔长，百会穴上顶，双腿不可直立。

第二十二式：转身摆莲脚

[86] [87]

[86~87]. 身体重心在右腿，左脚尖提起，全身蓄劲，双拳随身体旋转。右脚跟变脚尖拧地为轴，由左向右旋转360°，左脚扫堂一圈后迅速变为实腿落地。

[88] [89] [90]

[88~90]. 左腿落地后，右虚脚快速上提由左向右摆莲脚。双掌同时从右向左拍打右脚面，呈十字交叉状，拍打后右脚落在右前方（西南方）。

师傅指路：
右脚从左向右上方扫堂摆莲脚，脚尖应绷直。双掌拍打右脚面劲力要猛，落步要沉稳，干净利落，好似秋风扫落叶。

Taiji

第二十三式：弯弓射虎

[92]

[91]

[93]

[91~93]. 右脚先以脚跟着地，双掌拍打后变拳，位于胸前，左实脚蹬地变为右弓步。右拳拳心向内向后拉，位于右肩上侧；左拳拳心向内拳背外击，双拳同时左右对拉，目视左拳方向。

师傅指路：
　　双拳对拉时两肩松沉有力，左胯劲上传左拳头，右胯劲后拉右拳。左拳有击打对方胸部之感。

第二十四式：双抱捶

[94]

[94]. 右腰眼微后撤，向下沉劲，带动双拳向右旋转位于胸前，随后重心位移向右腿，带动左脚向前跟步，脚尖点地。

[95]

[96]

[97]

[95~97]. 调整身体重心后，左脚再向左前方迈步，脚跟先着地，右脚跟蹬地推动身体重心前移，同时右拳向前慢慢冲出，呈左弓步。右拳在左拳下外方画弧，当右拳绕到左拳上侧时腰向左转，带上右脚，脚尖点地位于左脚后内侧，呈左实右虚步。目视双拳方向。

师傅指路：
　　双拳上架螺旋拧劲要用腰胯推动，有击打对方胸部之意，又有解脱对方拿腕之意。

第二十五式：左手抱琵琶

[98]　　　　　　　　　　　　　　[99]

[98~99]. 当右拳旋转过左拳上侧时，两拳变掌，回捋外带。双手斜侧掌回抱于胸前，右虚脚向后撤回原位，腰微右转，带动双手掌右捋，重心后移向右腿，目视双手掌方向。

师傅指路：
　　身体后撤双掌回捋、下按、外带，避开自身的中心线，脊椎竖直、退步平稳。

第二十六式：收势

[100]　　　　　　　　**[101]**　　　　　　　　**[102]**

[100~102]. 重心移到右脚时再带回左脚至肩微宽的位置，身体重心由右腿再移到两腿中间，注意中正安舒、松肩沉、虚领顶劲等。

[103]　　　　　　　　**[104]**

[103~104]. 稍调息片刻，双手向两边画小立圆向下按后，五指向前，掌心向下。腋下虚空呈无极桩式。左脚向右脚收回原位，双脚自然并立于与起势相同的位置。目光平视正前方。

师傅指路：
　　收势与起势应回到原位，意贯双掌下按，气沉两脚涌泉穴，平心静气调息、调气、调意、气归丹田。

第六章

武氏太极拳推手演练

太极拳推手是检验太极拳套路及身法是否正确的一个重要过程，是双方知己功夫和知彼功夫的一种练习手段。

武氏太极拳推手是以阴阳学说为理，以八法五步为法的两人对抗性运动，对练习者整体训练和防身、健身极具价值。

武氏太极拳推手分为定步推手、活步推手、三步半推手等几种。

讲究不以擒拿、勾绊、反关节拿人，要求体现不丢不顶、粘连黏随、舍己从人、力从人借的运动特色，

并以意导气，

从而形成周身弹簧力将人发出。

一、单手推手

[1]. 甲、乙双方对面自然站立，两人右手在里、左手在外同时抱拳行礼。黑衣方为甲方，白衣方为乙方。

[2]　[3]

[2~3]. 双掌放下松垂身体两侧，再握拳向上平抬与各自胸前拳背相对约之距离。目光集中注视对方。

动作要求：
　　站立身法中正、颈项正直、虚领顶劲即提顶吊裆、含胸拔背、松肩沉肘、气沉丹田等和练习太极拳套路各式的要领相同。

[4]. 两人同时左脚跟拧地，脚尖外摆45°左右，身体重心坐于左腿。双方同时对面出右手右腿，脚跟先着地且脚尖跷起。

师傅指路：

两人右手同时上抬手背接手背，手腕紧紧黏住。前辈称之为"双方咬手腕"。即（阳池穴、养老穴）接触旋转摩擦。左手五指向前，掌心下按有辅助撑劲，双方脊柱正直，目光注视对方眼神和咽喉处。

[4]

[5]

[5]. 当甲方后腿蹬地、重心前移用掤挤劲向乙方进攻时，乙方顺势右腰眼向后撤带动右手臂同时旋转化解甲方来劲，手腕的旋转和腰胯的磨错应协调配合。甲方后腿蹬前腿弓重心前移，乙方前腿直后腿曲重心后移，以腰胯的抽转使对方劲路避开自身的中心线，目光专注对方周身。

师傅指路：

双臂腋下虚空有一拳之距，大腿有裹裆之劲。上身中正支撑八面之感。

[6]

[6]. 乙方化掉甲方来劲后，后腿蹬地前腿弓步重心前移，用周身的内劲再向甲方身体中线进攻。甲方接引对方来劲之力化解其锋芒，身体重心后坐右腰眼向后旋转带动右手臂同时向外旋转。将对方的力度向右引偏，躲开自身的中心线，目光注视对方咽喉。

Taiji

[7]　　　　　　　[8]

[7~8]. 甲方用捋按劲来化解开乙方的掤挤劲后，再用后腿蹬地前腿弓步节节贯穿之劲向对方的中线进攻。乙方以右腰眼带动右手臂向后螺旋画弧，身体后坐于左腿弯曲，右腿蹬直似直非直，右手竖腕坐掌螺旋撑抱不丢不顶化解对方。目光专注对方咽喉。

师傅指路：
　　脊椎竖直，命门后撑，百会上顶。配合呼吸时向后捋带为吸气，向前挤按时为呼气。吸气时丹田收缩，呼气时丹田膨胀为逆式呼吸，意念要求下盘稳固，上盘灵变，周身松沉圆活。

[9]

[9]. 收势，甲、乙双方经过反复无数次运用掤、捋、挤、按、采、挒、肘、靠八法，虚实开合劲路的变化，互相听劲摸劲对方的虚实转换，寻找对方的中心线及重心点变化。在双方互相得力并注意力集中时，各自重心后移收回前腿两脚并拢慢慢收式，掌心向下五指向前如同起式状态。调心、调意、调气，体悟自身双方各自得力之处于被动之处。此套武氏太极单推手要长期练习，具有健身、养生活动腰腿四肢各部关节之功能，又有防身技击之基础应

注解： 甲、乙双方左右手臂可以互换。左手与左腿同在一方向，右手与右腿同在一方向，周而复始循环演练。可以平圆旋转也可立圆旋转，随对方的屈就对方的伸，随时用自己得力之处寻找对方不得力之处，寻找三尖相照即"手尖、脚尖、鼻尖为一线时是最佳之境界、最得力之处"，变换虚实而进之。

二、定步双手推手

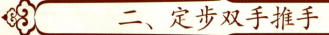

[1]. 甲、乙双方对面自然站立，两人右手在里左手在外同时抱拳行礼。黑衣方为甲方，白衣方为乙方。

[1]

[2]

[3]

动作要求：
　　站立身法中正、颈项正直、虚领顶劲即提顶吊裆、含胸拔背、松肩沉肘、气沉丹田等和练习太极拳套路各式的要领相同。

[2~3]. 双掌放下松垂身体两侧，再握拳向上平抬与各自胸前拳背相对约之距离。目光集中注视对方。

注解： 永年前辈云："推手即为练拳，练拳即为推手，二者不可分割。"推手是检验拳架身法是否正确的一种手段；拳架套路是基础，是为推手而服务的。二者是相辅相成的重要因果关系之一。

[4]

[5]

[6]

[7]

[4～7]. 甲、乙双方同时向前迈右脚伸右手。身体重心坐于左腿，双方右手腕与右手腕相接，左手掌心托住对方的右肘尖关节，近似"懒扎衣"形状。乙方用掤挤劲向甲方进攻时，甲方顺势向左转腰磨胯用将带劲化其之来劲。甲方右手臂外撑微向左转，用左手掌从上方接住乙方的左手背。随后微上转右手从乙方双臂的下面带回掌心托住乙方左肘尖，乙方顺势右手托住甲方的左肘尖，也称"双换手"。双方同样右脚在前，左手搭腕在上好似搂膝拗步形状。

[8]

[9]

师傅指路：
　　双方接手时要用掌背相接以便旋转变化，进退要用腰胯转动以便虚实变化。上身脊柱一定要竖直以便左右旋转。

[8~9]. 双方腰胯相随左右旋转，双手向上螺旋掤劲，乙方右手向上旋转向甲方中线进攻，甲方左掌紧按住乙方左掌，右手由上迎接乙方右手掌，左手再从肘下托住乙方肘尖，还原图4形状。

注解： 周而复始地旋转。运用掤、捋、挤、按等劲法，粘连黏随、随屈就伸等劲路，进行无限量的听劲、摸劲。随时寻找运用得机得势的身法机会，寻求对方的中心线与重心点进攻与防守。

三、活步三步半推手

[1]

[2]

[1]. 甲、乙双方对面而站仍为各一臂之距，双手掌松垂于身体两侧，目光专注对方之眼神以及咽喉。黑衣方为甲方，白衣方为乙方。

[2]. 双方同时左脚向左平移半步两腿微屈，双手竖腕坐掌十指伸直向前，太极拳架起势动作要领相同。

[3]

[4]

[3]. 甲方上右腿伸右掌在前与乙方左手搭腕，左手托住乙方右肘关节，左腿在后重心在左腿；乙方左腿前迈位于甲方右腿外侧，左手托住甲方肘关节，右手搭住甲方的右手腕。互相听劲、摸劲，目光专注对方。

[4]. 甲方双臂微向上掤劲画弧，左手向上画弧向乙方中线进攻。乙方顺势左手腕迎接，右手掌紧托甲方的左肘尖。甲方右手掌紧按住乙方的左肘尖双掌向下后将带，重心后移。乙方随之重心前移左腿弓步。

[5]　　　　　　　　　　　　[6]

[5~6]. 双方换手后在迈步。甲方身体重心移到左腿时，右虚腿向后撤一步。乙方身体重心移向左腿时，右虚腿向前进一步，进步时要迈在甲方的左腿外侧。

[7]　　　　　　　　　　　　[8]

[7~8]. 双方手腕紧接，手掌紧托肘尖保持不变。甲方身体重心移向左腿后，右腿再后撤一步。乙方身体重心移到右腿后，左腿抬起向甲方裆迈进一步。

[9]　　　　　　　　　　　　[10]

[9~10]. 双方落步后，甲方前脚尖微后撤半脚距离，调整身体重心，重心位于左腿。乙方后脚微前跟半脚距离，调整身体重心，重心前移向左腿。

[11]　　　　　　　　　　　　[12]

[11~12]. 双方腰胯左右旋转。两手上下交换；甲方左手上旋手掌背部接乙方的右手腕，微转腰磨胯右手由乙方肘下紧接按住乙方的左肘尖。同时乙方右手紧搭按甲方的左肘尖。

[13]   [14]

[13~14]. 双方换手后上身保持不变，甲方身体重心移向右腿，左腿向前进步落在乙方右腿的外侧。同时乙方重心移向右腿，左腿后撤一大步。双方进退不丢不顶，退步黏得紧、进步紧相跟。

[15]   [16]   [17]

[15~16]. 甲方腰胯微左转重心移到左腿后，右虚步再向前迈一步向乙方腿内侧插进其裆部。同时乙方重心移到左腿后，右腿虚步再向向后撤一步。甲方右腿在内，乙方左腿在外。

[17]. 双方落步后，甲方后脚再向前跟半步，调整身体重心。乙方前脚再向后收回半步，同样调整身体重心。各自腰胯左右虚实变化要相随，处处阴不离阳、阳不离阴，粘连黏随紧相跟。进三步退三步周而复始循环无数次摸劲、听劲。双方在找到得机、得势之时用内功将对方弹开。

四、武氏太极拳推手八法

1. 掤劲

[1]   **[2]**

师傅指路：
　　上身正直、虚灵顶劲，手臂的掤劲、腰的撑劲和腿的蹬劲互相协调配合，并有气沉丹田小腹有膨胀充实之感，上下节节贯穿。

[1~2]. 当乙方双手向甲方左手臂用按劲进攻时，甲方顺势调整身法，右腰胯后坐蓄劲避开来劲之锋芒。我顺人背处于得力之处，甲方由被动变成主动。向下沉劲后再上拔劲向对方中心点发力，用周身掤劲贯穿两手臂将对方弹出。前辈云"出手含掤似围墙"之说。

2. 捋劲

[1]   **[2]**

动作要求：
　　以腰胯带动双手臂向左旋转使乙方落空后并发劲，如同拳架中的手挥琵琶式之要领。

[1~2]. 当乙方用挤劲向甲方左手臂及中线进攻时，甲方左腰眼快速后撤，右腰眼前推，左手腕小鱼际紧钩挂乙方左手腕，右手掌紧托乙方肘关节。顺势转腰磨胯左脚蹬地向上拔劲推动双手臂化掉对方来劲之锋芒。周身整体向左旋转，快速用捋劲使乙方跌倒在地。

3. 挤劲

[1]   [2]

[1~2]. 两人搭手在换手时，乙方用捋劲将甲方向后捋带时，甲方迅速调整身法顺势化解捋劲，双手十字交叉掌心向内、掌背向外，双肘下沉外撑、后腿微微坐劲。腰胯摆正后，后脚蹬地前腿弓步。贯穿腰部的劲传到双手掌接触滚动乙方的中心点处，双掌向下弧形螺旋再向外上挤出使对方腾空跌出。

4. 按劲

[1]   [2]

[1~2]. 在推手过程中乙方向后退回，弯曲双臂且用挤劲向甲方进攻时，甲方双手腕迅速上抬下按化解乙方的双臂来劲之锋芒。甲方双掌将乙方的手臂向外撑开螺旋画弧，再向乙方的中心线按发劲使对方跌出。

5. 採劲

[1] **[2]**

[1~2]. 推手时乙方双手上抬甲方右手臂用捌劲向甲方进攻，甲方顺势用右手腕钩挂住乙方的右手臂，向右方转腰磨胯。左手掌紧紧粘住乙方的肘关节，用杠杆原理控制对方右手臂使其不得动也。右腿在前为虚步内扣，左腿在后屈膝下坐裹裆拧劲，右手腕和左手掌同时用採劲向乙方右肘下压旋转，使乙方失去重心后再向甲方右后方跌出。

6. 捌劲

[1] **[2]**

[1~2]. 乙方用肘劲向甲方进攻时，甲方顺势用左手插入乙方的右腋下，右手下按乙方的右手掌，双手成杠杆之力同时左腿向前迈一步。右腿蹬地呈左腿弓步，左手向上向外翻掌将对方捌出。

7. 肘劲

[1]　　　　　　　　　　　　**[2]**

师傅指路：
　　右肘的旋转要用右胯的劲路来推动，曲中求直。形成一个整体螺旋劲快速控制对方中心线肘劲者拔劲也！

[1~2]. 乙方用掤劲向甲方进攻时，甲方右腿快速向前进步、右手臂接紧乙方的左手臂，控制住他的周身。甲方右手握拳向上螺旋、同时腰胯拧劲向左旋转。左脚蹬地、劲路节节贯穿直达右肘击打乙方中心线使其跌出。目视右拳方向。

8. 靠劲

[1]　　　　　　　**[2]**　　　　　　　**[3]**

[1~3]. 推手过程中乙方用捋劲向甲方捋采时，甲方快速上右腿紧插入乙方裆部，松肩沉肘进攻对方中心线、用右肩臂螺旋向下再上翻劲、肘肩抖弹靠击乙方的胸部，使乙方飞身跌出。

注解： 太极推手八法运用是灵活多变的；掤、捋、挤、按随时可变。应根据对方来劲方向不同，速度不同、劲路不同随机应变，并非千篇一律的，《拳谱》云："虽变化万端而理唯一贯。"一切都在上下劲路节节贯穿、虚实开合分明。一身之劲练成一家，劲起于脚跟、主于腰间、形于手指、发于脊骨。于彼劲将出未出之际，我劲已接内彼劲，恰好不先不后，如皮燃火，如泉涌出、彼自跌出，体现周身无处不太极之中。

师傅指路：
　　上身正直、虚灵顶劲，用左脚的蹬劲直达右膀尖，贯穿接紧劲到对方的胸部中心线撞击、如同三路小架中的"贴靠回肘"动作要领。

第七章

武氏太极拳各招式实战讲解

太极拳的本质是武术，是技击法。

所以有人说太极拳既是养生术又是防身术。

孙子曰：「兵无常势，水无常形，能因敌变化而取胜者谓之神。」

因敌变化而取胜，恰好是太极拳技法主要特征之一。

现在已经过了冷兵器时代，所以太极拳大多时候被人们用来强身健体，用以养生之功效，较少有人真正了解太极拳招式的技击之法，下面我将武氏太极拳中几个招式的用法呈现给大家，实为抛砖引玉，望更多太极同人能悟之。

一、懒扎衣的用法

[1]　　　　　　　　　　　　　　　　[2]

[1~2]. 乙方向甲方用右弓步右冲拳打击时，甲方快速顺势右手接拳左手托住其肘关节，向后蓄劲后腿弯曲下蹲，前腿似直非直。双掌冲准对方中心线化其来劲之锋芒而后整体拔劲将对方发出。

二、单鞭的用法

[1]

[2]

[1~2]. 当左右双方同时按击甲两手臂进攻时，甲方迅速下蹲沉劲化其双方来劲之峰芒，双臂向下螺旋撑劲、沉劲双脚蹬地、转腰磨胯同时左右分开。可以左手为主、右手为辅。也可同时左右分掌发劲。

师傅指路：
　　向下松沉劲时要撑起双臂接紧对方来劲、脊椎一定竖直且丹田鼓荡整体爆发，左右分开。

三、搂膝拗步的用法

[1]

[2]　　　　　　　　　　　　　　　　　　[3]

[1~3]. 甲、乙双方对面而站。乙方用右腿向甲方踢来，甲方快速左腿向前上步插进乙方裆部，左掌钩挂外撩乙方右腿，同时右掌根快速击向乙方胸部中线，后腿蹬地整体发劲使其跌出。

师傅指路：

　　上步要快，出手要急，进攻要速，劲力要猛，周身要整；手到脚到，打人得妙，谱云："后发先制也。"

四、手挥琵琶的用法

[1]

[2]   [3]

[1~3]. 甲、乙双方对面而站，目光注视对方。乙方冲右拳弓右腿向甲方进攻。甲方快速向其外侧上左腿，双掌紧贴乙方右手腕和右肘关节，避其锋芒顺势向右转腰磨胯，使其向右倒地。

师傅指路：
　　右腰眼后撤左腰眼前推，带动双臂整体向右旋转，后带、外旋、下按三劲合一同时进行。

五、如封似闭的用法

[1]　　　　　　　　[2]

[3]　　　　　　　　[4]

师傅指路：
　　双掌紧黏其双臂快速翻转整体劲上拔对准其中线胸膛发劲。双臂走弧形运动。

[1~4]. 甲、乙双方对面而站，乙方上右腿双手握拳向甲方头部进攻，甲方快速上右腿，双掌在内上方接挡其两拳向下翻腕压掌里旋，两掌紧黏乙方双臂微下沉回捋带，后腿蹬地推动身体重心前移向对方中线胸膛反击推出。

六、提手上势+白鹤亮翅的用法

[1]   **[2]**

[3]   **[4]**

[1~3]. 双方对面而站，乙方上右腿与右掌向甲方头部进攻。甲方左掌架挡上撩化之；乙方又左掌向胸部击来，甲方右掌迎接下旋同时上右腿插进乙方裆部，而后右手下压再上撩。

[4]. 双掌同时贯劲撩起乙方右手臂向其中心线进攻而发之。

师傅指路：

　　三尖相照，三合相用，手尖、脚尖、鼻尖对准对方中线心。三尖对一线，劲力大无限。

七、上步搬拦捶的用法

[1]　　　　　　　　　　　　**[2]**

[1~2]. 当乙方进右腿用右手握住甲方右手腕时，甲方向右转腰磨胯同时右手握拳内旋上翻外压乙方的手腕，左手托按乙方肘关节使其不得力，谓之"搬"。

[3]　　　　　　　　　　　　**[4]**

[3~4]. 甲方再上左腿到乙方的外侧，同时右手掌紧上按住乙方肩关节，谓之"拦"。腰胯微向右转破坏其重心后再向左转腰，右拳向乙方重心进攻，谓之"捶"，拔劲发之。

八、肘底看捶的用法

[1~2]. 乙方握左拳向甲方进攻时，甲方快速上抬架起乙方左肘关节，向左微转腰乙方重心前移偏离中线，甲方重心平稳后位于右腿，右虚步微进步。

[1]

[2]

[3]

[4]

[3~4]. 甲方后腿蹬地前腿弓步，右掌下翻上托乙方下颌并有锁咽之意，同时右手握拳击打乙方左腋下和腰间，双手发劲可将乙方击出发倒。

师傅指路：
　　太极拳招法应用自身练习套路时要慢，因每一动作要体会内劲、内意、内气的走向和对方的来向；但应用动作时要快、猛、有力。前辈云：太极拳练时慢，用时快。运劲慢，用劲快。接招发劲更快，练拳与推手紧密结合不可分割。

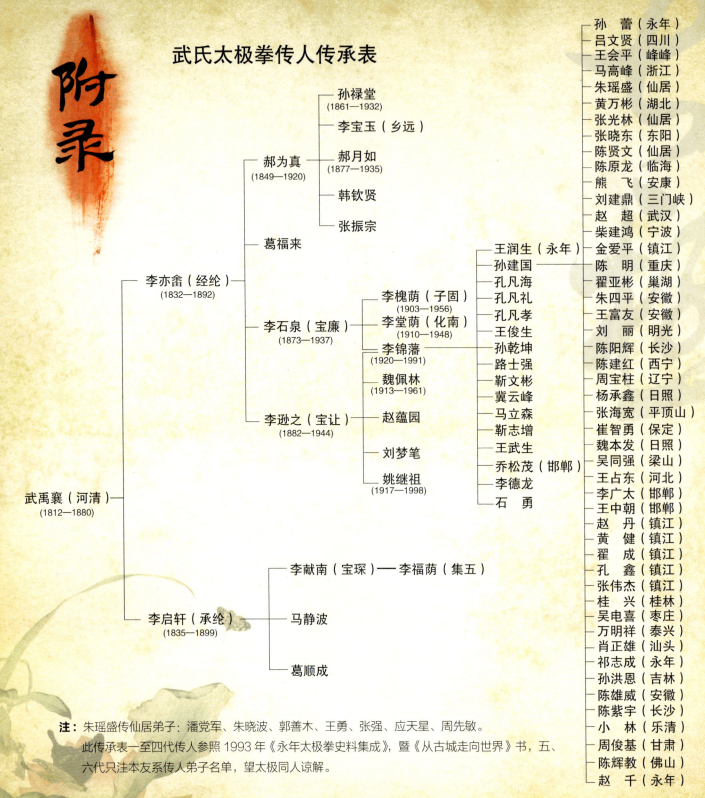

附录

武氏太极拳传人传承表

武禹襄（河清）(1812—1880)

李亦畲（经纶）(1832—1892)

郝为真 (1849—1920)
- 孙禄堂 (1861—1932)
- 李宝玉（乡远）
- 郝月如 (1877—1935)
- 韩钦贤
- 张振宗

葛福来

李石泉（宝廉）(1873—1937)
- 李槐荫（子固）(1903—1956)
- 李堂荫（化南）(1910—1948)
- 李锦藩 (1920—1991)

李逊之（宝让）(1882—1944)
- 魏佩林 (1913—1961)
- 赵蕴园
- 刘梦笔
- 姚继祖 (1917—1998)

姚继祖：
- 王润生（永年）
- 孙建国
- 孔凡海
- 孔凡礼
- 孔凡孝
- 王俊生
- 孙乾坤
- 路士强
- 靳文彬
- 冀云峰
- 马立森
- 靳志增
- 王武生
- 乔松茂（邯郸）
- 李德龙
- 石勇

孙建国：
- 孙蕾（永年）
- 吕文贤（四川）
- 王会平（峰峰）
- 马高峰（浙江）
- 朱瑶盛（仙居）
- 黄万彬（湖北）
- 张光林（仙居）
- 张晓东（东阳）
- 陈贤文（仙居）
- 陈原龙（临海）
- 熊飞（安康）
- 刘建鼎（三门峡）
- 赵超（武汉）
- 柴建鸿（宁波）
- 金爱平（镇江）
- 陈明（重庆）
- 翟亚彬（巢湖）
- 朱四平（安徽）
- 王富友（安徽）
- 刘丽（明光）
- 陈阳辉（长沙）
- 陈建红（西宁）
- 周宝柱（辽宁）
- 杨承鑫（日照）
- 张海宽（平顶山）
- 崔智勇（保定）
- 魏本发（日照）
- 吴同强（梁山）
- 王占东（河北）
- 李广太（邯郸）
- 王中朝（邯郸）
- 赵丹（镇江）
- 黄健（镇江）
- 翟成（镇江）
- 孔鑫（镇江）
- 张伟杰（镇江）
- 桂兴（桂林）
- 吴电喜（枣庄）
- 万明祥（泰兴）
- 肖正雄（汕头）
- 祁志成（永年）
- 孙洪恩（吉林）
- 陈雄威（安徽）
- 陈紫宇（长沙）
- 小林（乐清）
- 周俊基（甘肃）
- 陈辉教（佛山）
- 赵千（永年）

李启轩（承纶）(1835—1899)
- 李献南（宝琛）— 李福荫（集五）
- 马静波
- 葛顺成

注：朱瑶盛传仙居弟子：潘党军、朱晓波、郭善木、王勇、张强、应天星、周先敏。
此传承表一至四代传人参照 1993 年《永年太极拳史料集成》，暨《从古城走向世界》书，五、六代只注本友系传人弟子名单，望太极同人谅解。